Land & WERKEN

KÄSE SELBERMACHEN IN NUR 1 STUNDE

Claudia Lucero

Land & WERKEN

KÄSE SELBERMACHEN IN NUR 1 STUNDE

Claudia Lucero

Ricotta, Mozzarella, Chèvre, Panir, sogar Burrata.
Frische und einfach zubereitete Käsesorten,
die Sie in weniger als 1 Stunde herstellen können!

CLAUDIA LUCERO
Gründerin von Urban Cheesecraft und Erfinderin der DIY Cheese Kits

HEEL

HEEL Verlag GmbH
Gut Pottscheidt
53639 Königswinter
Tel.: 02223 9230-0
Fax: 02223 9230-13
E-Mail: info@heel-verlag.de
www.heel-verlag.de

3. Auflage 2021

First Published in the United States under the title:
One-Hour Cheese: Ricotta, Mozzarella, Chèvre, Paneer – Even Burrata. Fresh and Simple Cheeses You Can Make in an Hour or Less!

Published by arrangement with Workman Publishing Company, New York
Design by Sarah Smith
Photography by Matthew Benson
Food Stylist: Carrie Purcell
Prop Stylist: Sara Abalan
Author photo and process photographs copyright © Jeff Norombaba
Additional photography on pages 111, 136, 160, 216, and 221 by Lucy Schaeffer.
Food Stylist: Chris Lanier. Prop Stylist: Sara Alaban
All other photos copyright © fotolia

Deutsche Ausgabe:
Übersetzung: Jacqueline Dubois
Satz: gb-s Mediendesign, Königswinter
Covergestaltung: Christine Mertens, Königswinter
Lektorat: Claudia Harhammer, Ulrike Reihn-Hamburger
Cover-Foto © karandaev (Fotolia)

Printed in Czech Republic

ISBN 978-3-95843-172-0

WIDMUNG

Für und mit Jeff:
Wir haben's geschafft, Liebster!
Und jetzt lass uns erst einmal ausschlafen.

Außerdem für unsere Nichten Monique, Bianca und Jocelynn –
die allerbesten Küchenhelfer!

INHALT

EINFÜHRUNG

Käse in nur einer Stunde? Ist das wirklich möglich? Ja, das ist es, und manchmal dauert es sogar weniger als eine Stunde. Und so gern ich Sie auch mit dieser Innovation beeindrucken würde – so neu ist diese Herstellungsmethode gar nicht. Unsere moderne Gesellschaft ist nicht die erste, in der die Menschen übervolle Zeitpläne jonglieren und nebenbei noch eine schnelle Mahlzeit zubereiten müssen. Einfacher Käse wird seit Tausenden von Jahren hergestellt, und zwar ohne Zuhilfenahme von vorgefertigten Formen, Pressen und sonstigen Utensilien.

Viele haben den Kontakt zur Nahrung und deren Herkunft verloren, sodass sie gar nicht mehr wissen, wie schnell und einfach zahlreiche traditionelle Käsesorten hergestellt werden können. Vor gar nicht allzu langer Zeit haben unsere Vorfahren noch täglich Brot gebacken, stets einen Topf Brühe auf dem Herd köcheln lassen und einfache Milchprodukte wie Butter selbst gemacht. Dank Milchprodukten wie Joghurt und Käse war es nämlich möglich, die wertvolle Milch und ihre Inhaltsstoffe zu konservieren.

Gewappnet mit dem Wissen, dass der Mensch bereits Käse produzierte, bevor es Bleichmittel und Elektrizität gab, habe ich mir die Kenntnisse des Käsemachens selbst angeeignet. Dieses Wissen möchte ich nun an Sie weitergeben.

MEINE DO-IT-YOURSELF-AUSBILDUNG ZUM KÄSEMACHER

Der Grundstein für meine Leidenschaft wurde während meiner Highschool-Zeit gelegt, als ich nebenbei in einem indischen Restaurant in San Diego, Kalifornien, kellnerte. Ich blieb nicht lange dort, lernte in dieser kurzen Zeit aber, wie man köstlichen Panir herstellt. Ich war 17 Jahre alt und begeisterte mich schon lange für das Kochen und andere altmodische Fertigkeiten. Zunächst beschäftigte ich mich aber mit anderen Dingen und verstaute mein Wissen über die Käseherstellung für viele, viele Jahre.

2006 zog ich mit meinem Lebensgefährten Jeff nach Portland, Oregon. Wir hatten es satt, so hart arbeiten zu müssen, um ein winziges Appartement in einer teuren Stadt bezahlen zu können. So begaben wir uns auf die Suche nach mehr Lebensqualität. Ein kompletter Neuanfang sollte es sein. Wir wollten ein Haus mit einem kleinen Stück Land, auf dem wir Gemüse anbauen könnten Bis wir unsere Studienkredite abgezahlt hatten, würde das aber ein Traum bleiben. Also abonnierten wir zunächst eine Gemüsekiste von einem Biohof.

Endlich waren wir auf dem richtigen Weg! Während der Grüne-Bohnen- und Rote-Bete-Saison kamen wir mit dem Verarbeiten gar nicht mehr hinterher. In einem Onlinemagazin über autarke

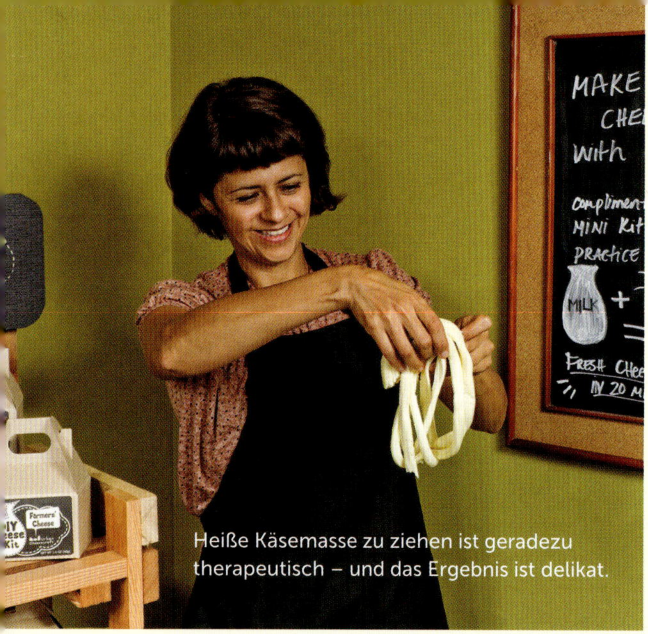

Heiße Käsemasse zu ziehen ist geradezu therapeutisch – und das Ergebnis ist delikat.

Lebensführung stürzte ich mich auf Rezepte zum Einlegen von Gurken und Sauerkraut, zur Herstellung von Joghurt – und zur Produktion von Käse. Sofort musste ich wieder an meinen ersten Panir denken, und das Feuer war erneut entfacht. Das kühle, regnerische Wetter in Portland war die ideale Brutstätte für mein neues Hobby. Am liebsten hätte ich sofort losgelegt, ich wusste nur nicht wie. In den Rezepten wurde nach Dingen verlangt, von denen ich noch nie gehört hatte und die es in meinem Umfeld auch nicht zu kaufen gab: Lab, Zitronensäure, Bakterienkulturen, Kalziumchlorid ... Von den Utensilien wie Käseformen und Seihtüchern ganz zu schweigen. Es gab verschiedene Labarten – tierisches, pflanzliches, flüssiges, tablettenförmiges – oh je! Das überforderte mich ziemlich, deshalb begann ich schließlich mit etwas ganz Einfachem, nämlich heißer Milch und Zitronensaft, den simplen Wurzeln des guten alten Panirs. Ich stellte einige Portionen Panir her und wurde dabei langsam mutiger. Panir war sozusagen mein Einstiegskäse.

Da in dem indischen Restaurant, in dem ich als Jugendliche gejobbt hatte, täglich frischer Panir produziert wurde (was mich anfangs sehr erstaunte), vermutete ich, dass auch andere Käsesorten einfacher als gedacht hergestellt werden konnten. Außerdem ist Käse doch altertümlichen Ursprungs. Nach einer ebenso hartnäckigen wie enttäuschenden Suche nach der nötigen Ausrüstung und DIY-Kursen in Portland (was sich in den letzten Jahren drastisch geändert hat), stellte ich mit Utensilien, die ich online gekauft hatte, meinen ersten rustikalen Käse her.

Ich wollte aber nicht ewig auf das Ergebnis meiner Experimente warten und konzentrierte mich deshalb auf Käsesorten, die nicht reifen mussten. Vom Panir aus tastete ich mich zu Ricotta, Mozzarella, Queso Blanco und schließlich Chèvre vor. Ich vereinfachte, kombinierte und optimierte vorhandene Rezepte. Wenn möglich, reduzierte ich die benötigte Milchmenge auf 4 Liter und strich Zusatzstoffe und umständliche Arbeitsschritte. Die Resultate waren teilweise überraschend (aber stets essbar), und ich lernte viel dabei. Nach kurzer Zeit stellte ich die köstlichsten Käsesorten erfolgreich selbst her. Die Aufregung, die ich verspürte, als ich zum ersten Mal Mozzarella zog, können Sie sich kaum vorstellen. Ich rannte zu Jeff und zeigte ihm den zarten Käsestrang. Innerhalb weniger Minuten verspeisten wir den noch warmen Käse. Ich garantiere Ihnen, Sie haben noch nie etwas so Köstliches gegessen wie warmen hausgemachten Mozzarella.

Es war ein unglaubliches Gefühl und ging noch dazu schneller als Plätzchenbacken. Hurra! Mir schien, als sei ich die erste, der das gelungen war! Am liebsten hätte ich es in die ganze Welt hinausposaunt! Als ich meine ersten unförmigen Käseprodukte mit Freunden teilte, bekam ich von ihnen viel Feedback, aber auch zahlreiche Fragen: Muss Käse nicht reifen? Man muss doch Rohmilch verwenden, oder? Oh nein, und was ist mit Schimmel und Lebensmittelvergiftung? Unterschwellig gingen alle davon aus, dass etwas, das so köstlich und ungewöhnlich war, schrecklich kompliziert sein musste. Das erinnerte mich an meine eigenen anfänglichen Zweifel. Die gleichen Fragen tauchten immer wieder auf – das Wissen über einfache Käseherstellung war

„Panir war mein Einstiegskäse. Dann tastete ich mich zu Ricotta, Mozzarella, Queso Blanco und schließlich Chèvre vor."

offensichtlich verloren gegangen. Ich machte mich daran, die Irrtümer zu korrigieren, indem ich anderen beibrachte, auf einfache Weise Käse herzustellen. Zu diesem Zeitpunkt gründete ich auch Urban Cheesecraft für den Vertrieb von Baukästen für Käse zum Selbermachen. Letztendlich gipfelten meine Unternehmungen in diesem Buch.

ÜBER DIESES BUCH

Falls Sie auf der Suche nach Rezepten für die aufwendigen, reifen Käsesorten – den Stinkern – sind, werden Sie hier nicht fündig. In diesem Buch dreht sich alles um frische, einfache, köstlich schmeckende (und duftende) Käsesorten, die Sie auf vielfältige Art variieren können. Sie lassen Ihnen noch reichlich Energie für die Planung der nächsten Party (auf der Sie dann den hausgemachten Käse anbieten können). Sofern Sie Ihr Geheimnis nicht preisgeben, wird niemand darauf kommen, dass Sie den Käse in nur einer Stunde selbst hergestellt haben. Da ich es mir aber zum Vorsatz gemacht habe, vergessene Künste wiederzubeleben, hoffe ich doch sehr, dass Sie Ihr Geheimnis fleißig mit anderen teilen werden. Alle Techniken in diesem Buch basieren auf traditionellen Methoden. Sie erhitzen Milch, fügen ein Gerinnungsmittel hinzu, gießen die Masse ab, kneten und salzen sie und formen den Käsebruch – ganz so, wie es unsere Vorfahren seit Tausenden von Jahren getan haben.

So althergebracht die Herstellungsmethoden auch sein mögen, die Rezepte an sich sind frische, neue Interpretationen von Klassikern. Sie sind das Ergebnis zahlloser Experimente, zu denen ich Sie übrigens auch ermutigen möchte, sobald Sie sich mit den Grundtechniken vertraut gemacht haben. Käsemacher sind meiner Erfahrung nach neugierig, schließlich ist der Prozess halb Wissenschaft, halb Kunstform; und so erfinden sie den gleichen Käse immer wieder neu. Diese Neugier sollten wir uns zunutze machen und immer wieder Neues ausprobieren, so verlängern wir mit viel Spaß nebenbei die Haltbarkeit der Milch. Nur nicht zu verkopft an die Sache herangehen!

Ziegenmilch ernährt nicht nur Zicklein, sondern ergibt auch großartigen Käse.

Falls Sie mir noch immer folgen, aber dennoch den Skeptiker spielen, werde ich es Ihnen einfach beweisen: Lassen Sie uns sofort anfangen und einen kleinen Käselaib herstellen. Vergessen Sie den Rest des Buches. Suchen Sie die nötigen Zutaten zusammen und halten Sie sich an dieses Rezept. Weiterlesen können Sie, sobald Sie Ihren ersten eigenen Käse zum Naschen vor sich stehen haben.

WARUM SELBST MACHEN, WENN MAN ES KAUFEN KANN?

Da Sie den Erstlingskäse ausprobiert haben und dieses Buch noch immer lesen, scheinen Sie sich für Hausmacherkost zu interessieren. Sollte Ihnen dennoch noch nicht ganz klar sein, wie großartig die Herstellung eigener Lebensmittel ist, kann ich Ihnen noch weitere gute Gründe dafür nennen.

ERSTLINGSKÄSE IN 5 SCHRITTEN (20-30 MINUTEN)

— ERGIBT ETWA 250 G* —

ZUTATEN + ZUBEHÖR

- Kochtopf (2 Liter)
- Schaumlöffel oder kleines Sieb
- Schüssel (1 Liter)
- 1 l Milch*
- 30 ml Essig (weißer, Weißwein- oder Apfel-) bzw. Zitronen- oder Limettensaft
- ¼ TL Salz
- Schwarzer Pfeffer oder Kräuter nach Geschmack (frisch oder getrocknet)

1 Die Milch in den Topf geben und bei mittlerer Hitze unter Rühren erwärmen. Die Milch soll leicht köcheln, aber nicht aufschäumen.

2 Sobald die ersten Blasen aufsteigen, langsam den Essig hineingeben (Sie werden vermutlich nicht alles verbrauchen) und vorsichtig unterrühren, bis sich die Molke (trübe Flüssigkeit) und der Käsebruch (feste weiße Masse) eindeutig trennen. Das ist die sogenannte Gerinnung.

3 Sobald die Gerinnung einsetzt und keine flüssige Milch mehr zu sehen ist, die Hitze reduzieren und den Käsebruch 2 Minuten unter ständigem sanftem Rühren köcheln lassen.

4 Den Herd ausschalten. Die Käsemasse mit dem Löffel oder Sieb herausheben, so gut wie möglich abtropfen lassen und in die Schüssel geben. Anschließend die Molke, die sich in der Schüssel angesammelt hat, vorsichtig abgießen.

5 Salz und Pfeffer (und ggf. Kräuter) ganz nach Belieben hinzufügen, gleichmäßig rühren und …

Voilà! Sie haben tatsächlich Käse gemacht! Genau genommen ist es eine Art direkt gesäuerter Bauernkäse, der in zerkrümelter Form hervorragend zu Salat, Pizza, Tacos und Chili passt und auch pur mit Baguette und reifen Tomaten sehr gut schmeckt.

Und, haben Sie die Zeit gestoppt? Weniger als eine Stunde, wie ich es Ihnen versprochen habe! Herzlichen Glückwunsch, der Anfang ist gemacht.

** HINWEIS: Fettarme Milch ergibt weniger Käse.*

Unser Essen hat sich im Laufe der Jahrhunderte und Jahrzehnte stark verändert. Wir nehmen heute so viele Antibiotika, Pestizide und Zusatzstoffe zu uns wie nie zuvor. Immer mehr Menschen entwickeln Lebensmittelunverträglichkeiten oder -allergien, Verdauungsbeschwerden und zunehmend auch mysteriöse Autoimmunerkrankungen. Auch wenn es ein kontroverses Thema ist und bleibt, so kann ich nicht umhin zu glauben (was zahlreiche Studien belegen), dass Nahrung und Umwelt unsere Gesundheit direkt beeinflussen.

Wie nahezu jedes andere Nahrungsmittel kann auch Käse als billige Massenware aus minderwertigen, teils gesundheitsschädlichen Zutaten hergestellt werden. Andererseits hat die industrielle Produktion Käse für jedermann zugänglich und erschwinglich gemacht. Diese vermeintlichen Vorteile haben sich jedoch auf unsere Gesundheit eher negativ ausgewirkt. Sobald Sie Ihren eigenen Käse herstellen, haben Sie direkten Einfluss auf die Qualität der Zutaten und können Ihre Milch vielleicht sogar direkt beim Bauern besorgen. Sie können selbst gezogene Kräuter verwenden oder Bio-Ware kaufen. Sie können den Geschmack mit mineralstoffreichen Salzen beeinflussen oder Salz ganz weglassen. Und jeder – für mich ist das der beste Grund – kann mit Zutaten wie Zitronenschale oder Cayennepfeffer ganz neue Käsekreationen entwerfen, die es in keinem Geschäft gibt.

Sind Sie Vegetarier oder vertragen nur Ziegenmilch, können Sie sich einen köstlichen Snack machen, der Ihnen vorher verboten war. Und falls Ihnen das alles noch nicht reicht: Ortsnäher oder umweltfreundlicher als zu Hause in der eigenen Küche kann man Käse nicht herstellen (es sei denn, Sie melken die Kuh in der Küche). Wenn Sie bereits dazu übergegangen sind, Obst und Gemüse saisonal vom lokalen Erzeuger zu kaufen, wird es Sie sicher freuen, dass nun auch Käse Bestandteil des bewussten Konsums sein kann. Egal, welche Milch Sie verwenden – Sie sind der Käsemacher vor Ort. Es ist besser für die Umwelt, für die lokale Wirtschaft und auch für Ihren Zeitplan, Käse selbst zu machen. Was wollen Sie noch mehr? Ach so, lecker schmecken soll es auch noch? Dazu kommen wir gleich, lesen Sie nur weiter ...

Kapitel 1

VORBEREITUNGEN: KÜCHE, SPEISEKAMMER UND INNERE EINSTELLUNG

DIE KÜCHE DES KÄSEMACHERS

Jedes Handwerk hat sein Werkzeug, seine Tricks und Kniffe. Beim Käsemachen ist es nicht anders. Da ich aber keine Probleme beim Einkaufen, bei der Handhabung der Utensilien und im Umgang mit den Regeln habe (Projekte sollten meiner Ansicht nach einfach und flexibel sein), wird es Ihnen sicher nicht anders ergehen. Einige Tipps machen sogar richtig Spaß. Halten Sie sich an die Anweisungen und im Handumdrehen wird aus Ihnen ein echter Käseprofi.

Sauberkeit, nicht Sterilität

Bei der Einrichtung Ihrer heimischen Käserei haben Sie bei meinen Rezepten viel mehr Spielraum als bei Käse, der reifen muss. Dennoch sollten Sie von Anfang an richtig vorgehen. Mit diesen einfachen Methoden wird es Ihnen ganz leicht fallen.

1. *Sie müssen nicht ständig Desinfektionsmittel zur Hand haben.* Ich benutze nichts dergleichen. Wenn Sie die folgenden Tipps beherzigen, dann brauchen Sie das auch nicht. Füllen Sie eine Sprühflasche im Verhältnis 1:1 mit Essigessenz und Wasser. Verwenden Sie diese Lösung als Reinigungsmittel für die Arbeitsfläche. (Keine Sorge, der Essiggeruch verfliegt, sobald die Lösung getrocknet ist.)
2. *Edelstahl ist Ihr Freund.* Vermeiden Sie Utensilien aus Holz oder Kunststoff, an denen sich Bakterien festsetzen können.
3. *Verwenden Sie frische Küchenhandtücher.* Die Handtücher müssen absolut sauber sein, also lassen Sie die benutzten Geschirrtücher hängen, auch wenn sie noch so sauber aussehen.
4. *Verwenden Sie sehr, sehr heißes Wasser.* Mit heißem Wasser und biologisch abbaubarer Seife können Sie damit alle Geräte, Utensilien und Formen reinigen. Vermeiden Sie chemische Putzmittel, die eventuell Rückstände hinterlassen. Sie können das Zubehör auch in der Geschirrspülmaschine reinigen, aber auch hier sollten Sie biologisch abbaubares Reinigungsmittel verwenden.

Das Zubehör

Da wir für die kleinen Mengen Käse höchstens 4 Liter Milch verwenden, findet sich das erforderliche Zubehör in den meisten Küchen. Obwohl es sich um recht gewöhnliche Dinge handelt, sollten Sie wissen, warum wir sie auswählt haben. Lesen Sie das Folgende sorgfältig durch, denn diese Utensilien werden für alle Rezepte benötigt.

Feinmaschiges Seihtuch

Ganz oben auf der Liste steht das feinmaschige Seihtuch, weil Ihnen normale, grobmaschige Seihtücher, die in vielen Geschäften erhältlich sind, das Leben bei der Käseherstellung zur Hölle machen.

Finden Sie kein feinmaschiges Seihtuch, sollten Sie lieber einen ausgekochten Kissenbezug aus Baumwolle bzw. ein Küchenhandtuch verwenden als ein zu grobmaschiges Tuch. Der Käsebruch ist schließlich kostbar und soll nicht durch die Maschen rutschen. Das quadratische Tuch sollte eine Seitenlänge von ca. 50 cm haben.

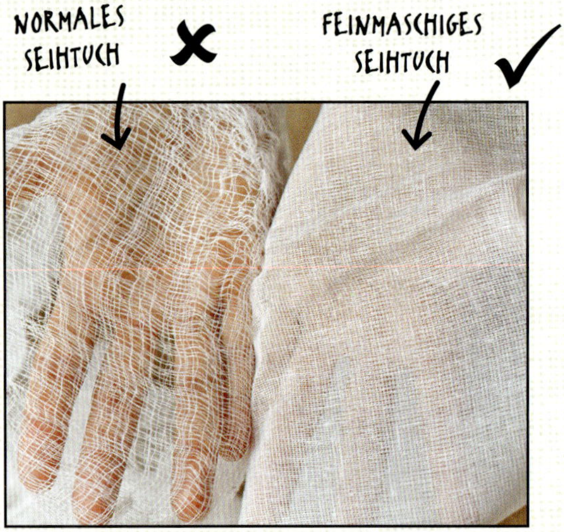

Thermometer

Im Laufe der Zeit lernt man, die Milch zu lesen. Viele Menschen stellen Käse ohne Thermometer her. Am Anfang ist es jedoch unverzichtbar. Ein Fleischthermometer aus Metall, eine einfache Digitalversion oder ein Lebensmittelthermometer aus Glas (ohne Quecksilber) reichen aus. Falls Sie ein analoges Thermometer verwenden, achten Sie darauf, dass es:

- von ca. -18 °C bis 104 °C reicht (wir arbeiten im Bereich von 27 °C bis 93 °C),
- Temperaturschritte von maximal 2 °C anzeigt.

Das sind die Minimalanforderungen an ein einfaches Lebensmittelthermometer. Natürlich können Sie sich auch eine programmierbare Luxusversion kaufen. Vermeiden Sie aber Thermometer, die mit Infrarotstrahlen arbeiten, da diese durch den Milchschaum gestört werden und falsche Temperaturen anzeigen können.

Mikrowelle

Eines der modernen Geräte zur Herstellung fantastischer Käsesorten in weniger als einer Stunde ist die Mikrowelle. Die Größe ist völlig egal (Ihre Mikrowelle ist also perfekt dafür geeignet). Wir verwenden sie vor allem zur raschen und gleichmäßigen Erhitzung des Käsebruchs. Für viele Rezepte ist eine Mikrowelle nicht absolut notwendig (ich biete immer Alternativen an, sollten Sie keine Mikrowelle besitzen; siehe S.144), aber für einige Sorten in der Rubrik „Zart schmelzend und klebrig" (S. 123) ist sie praktisch. Die Ergebnisse variieren ohne Mikrowelle ein bisschen, z. B. Hinsichtlich der Dehnbarkeit und der Zubereitungsdauer. Das Resultat ist aber ebenso köstlich.

Kochtopf

Ein großer, hochwertiger Kochtopf sollte in keiner Küche fehlen. Für die Käseproduktion ist er besonders nützlich. Falls Sie mehrere Optionen haben oder sich ohnehin einen neuen Topf zulegen wollen, empfehle ich Ihnen Töpfe aus Edelstahl, Glas und auch die emaillierten Versionen. Ganz egal, was Sie auswählen, kaufen Sie auf alle Fälle den Topf mit dem dicksten Boden, den Sie sich leisten können. In Töpfen mit dünnem Boden brennt Milch sehr leicht an und dann müssen Sie schrubben und schrubben und schrubben, falls der Topf überhaupt gerettet werden kann. Vermeiden Sie Töpfe aus Aluminium oder Gusseisen, da die Säure bei der Käseproduktion zu Korrosion führen kann, was dem Käse einen unangenehmen Metallgeschmack verleiht. In beschichteten Töpfen mit Aluminium- oder Gusseisenkern kommt das Metall nicht mit der Milch in Berührung. Ein großer Topf reicht für alle Rezepte in diesem Buch aus, aber in einem kleineren (2 bis 3 Liter fassenden) Topf lässt sich bei kleineren Mengen (z. B. Fromage Facile, S. 43) die Temperatur einfacher messen.

Sieb

Ein großes Küchensieb bzw. Maschensieb, das 4 Liter Käsebruch fasst, ist unerlässlich. Die zum Gemüsewaschen verwendete Variante reicht aus. Emaillierte Siebe oder solche aus Edelstahl sind bezüglich der säurehaltigen Zutaten, mit denen wir arbeiten, ideal, aber Kunststoffsiebe eignen sich ebenso.

Große Schüsseln, Messbecher und -löffel

Eine Auswahl an Schüsseln und Messgefäßen darf in keiner Küche fehlen und ist besonders für aufstrebende Käsemacher nützlich. Wir können für feste und flüssige Zutaten die gleichen Messbecher verwenden, da die Unterschiede bei den verwendeten Mengen nicht ins Gewicht fallen.

Messbecher- und löffel aus Edelstahl oder Glas sind leicht zu reinigen, aber auch Bambus, Holz oder Kunststoff sind geeignet.

In manchen Rezepten soll die Milch in der Mikrowelle erwärmt werden. Dafür eignet sich eine Mikrowellenschüssel besonders gut, aber eine große, runde Glasschüssel oder eine rechteckige gläserne Auflaufform erfüllen ebenfalls ihren Zweck. Zudem benötigen Sie eine große hitzebeständige Schüssel (Edelstahl!) zum Auffangen der Molke. Der Schüsselrand sollte unbedingt hoch genug sein, damit der Käsebruch beim Abtropfen nicht in die Molke eintaucht. Weiterhin sollten Sie eine große Schüssel für Eisbäder (siehe S. 18) zur Verfügung haben.

Löffel, Schaumlöffel und Schneebesen

Jeder hat seine Favoriten, aber es ist anfangs immer praktisch, wenn eine gewisse Auswahl zur Verfügung steht. Von den Utensilien, die Sie hier sehen, verwende ich den kleinen Schaumlöffel und den Schneebesen am häufigsten. Bei der Auswahl des Utensils sind folgende Faktoren wichtig: die Größe Ihrer Hände, die Käsesorte und der Zubereitungsschritt (Rühren, Schneiden, Abtropfen usw.). Edelstahl ist auch hier ideal, aber auch Bambus, Holz oder Kunststoff (gründlich abwaschen!) sind geeignet.

Käseformen

Professionelle Käseformen (weiße Becher mit Löchern oder Schlitzen) sind toll, und wir werden uns damit noch eingehender befassen, aber schon bald werden Sie die Behälter in Ihren Schränken durch die Augen des Käsemachers betrachten. Der Becher vom Frühstücksjoghurt wäre z. B. ein schickes Einwegförmchen. Sie können Löcher hineinbohren oder auch nicht, je nachdem, wie viel Feuchtigkeit im Käse verbleiben soll. Und was ist mit dem Muffinblech oder dem Eiswürfelbehälter aus Silikon? Ausstechförmchen, Kaffeetassen, kleine Schalen, Kastenformen, Souffléförmchen – sie alle

MIT CUPCAKE-FÖRMCHEN LASSEN SICH NIEDLICHE KLEINE KÄSERÄDER HERSTELLEN!

taugen wunderbar als Käseformen. Im Grunde können Sie jeden lebensmittelechten Behälter verwenden. Auch Back- und Wachspapier gehören dazu, entweder zum Auslegen der Formen oder auch zum direkten Formen des Käses. Auf S. 184 betrachten wir alle Varianten noch einmal ausführlich.

Handschuhe

Wenn Sie Ihre Hände gründlich gewaschen haben, können Sie gern mit bloßen Händen arbeiten, Handschuhe können aber durchaus praktisch sein. Sie sollten diese vor allem beim Abtropfen und Formen zum Schutz vor der heißen Molke verwenden. Im Laufe der Zeit entwickeln Sie ein sicheres Gefühl dafür, wann es angebracht ist, die Finger in die heiße Masse zu stecken. Tipp: Markieren Sie die „Käsehandschuhe" mit einem wasserfesten Stift, damit Sie damit nicht aus Versehen die Badewanne reinigen!

Die Pflege

Mithilfe der folgenden Tipps bleiben Utensilien stets in bestem Zustand:

1. Legen Sie jedes Gerät, das mit Milch in Kontakt gekommen ist (Topf, Löffel usw.), direkt nach Gebrauch in eine Schüssel mit kaltem Wasser. Anschließend waschen Sie die Utensilien mit heißem Seifenwasser (siehe S. 7).
2. Das Seihtuch kann immer wieder verwendet werden, wenn Sie es gleich nach der Benutzung in kaltem Wasser sorgfältig ausspülen und später in der Waschmaschine heiß waschen.
3. Sollte etwas Käsemasse am Boden Ihres Edelstahltopfs festkleben, sprenkeln Sie einfach Salzflocken darüber und schrubben das Ganze mit einem Schwamm. Das wirkt besser als ein Haushaltsreiniger.

DIE SPEISEKAMMER DES KÄSEMACHERS

Mithilfe der folgenden Zutaten können Sie jede Käsesorte in diesem Buch herstellen – und noch viele mehr! Füllen Sie Ihre Speisekammer auf einmal oder nach und nach, ganz wie Sie mögen. Die meisten Zutaten sind unverderblich, darum bietet es sich an, immer etwas zur Hand zu haben, wenn Sie plötzlich die Lust auf frischen Käse überkommt.

Die Grundzutaten

SÄUREN

Säure ist eine Schlüsselzutat, denn sie leitet den ersten Schritt der Verwandlung von Milch zu Käse ein. Idealerweise haben Sie immer verschiedene Sorten da, aber diese sammeln sich sowieso nach und nach an, wenn Sie die verschiedenen Rezepte ausprobieren.

Essig In meinen Regalen finden Sie Weißweinessig, Apfelessig (naturtrüb und klar) sowie Essigessenz. Sie können auch mit anderen Varianten experimentieren, jede Art unterscheidet sich leicht im Säuregehalt und im Effekt auf den Käsegeschmack. Einige werden Ihnen besser schmecken als andere. Ist der Geschmack zu intensiv, spülen Sie die Käsemasse beim Abgießen einfach mit lauwarmem Wasser.

Saft aus Zitrusfrüchten Die bekanntesten Zitrussäfte sind frischer und abgefüllter Zitronen- oder Limettensaft. Es gibt aber auch außergewöhnliche Varianten aus Kumquats, Calamondin-Orange oder Meyer-Zitronen (Meyer-Zitronen-Ricotta, siehe S. 35). Experimentieren Sie nach Lust und Laune. Wie Essig hat jede Zitrusfrucht ihre ganz eigene Säure und verleiht dem Käse einen einzigartigen Geschmack.

Zitronensäure Ein schwach saurer Bestandteil von Zitrusfrüchten, der als natürlicher Konservierungsstoff dient. Sie wird als Granulat verkauft und dient z. B. zum Bestäuben saurer Fruchtgummis. Zitronensäuren erhält man in gut sortierten Supermärkten und auch im Reformhaus.

SALZ

Salz ist nicht gleich Salz. Die Sorten unterscheiden sich in der Zusammensetzung, wie der Konzentration an Natrium und Zusatzstoffen.

Haushaltssalz und Salzflocken In erster Linie empfehle ich qualitativ hochwertiges, reines Salz wie Meersalz. Ideal sind z. B. die Salzblume (Fleur de Sel), deren Salzflocken sich leicht in der Käsemasse auflösen. Auch gewöhnliches Meer- oder Haushaltssalz eignet sich, allerdings müssen Sie dann die Salzmenge im Rezept um etwa ein Viertel reduzieren (und den abgetropften Käsebruch noch einmal abschmecken), da diese Salze viel intensiver sind.

Kontrollieren Sie die Inhaltsstoffe und achten Sie darauf, dass keine Antibackmittel enthalten sind. Sie werden sich wundern, was Sie im Salz alles finden!

Grobes Salz Als dekoratives Salz, das Ihrem fertigen Käse Biss, Farbe oder ein einzigartiges Aroma verleiht, können Sie jede Sorte grobes Salz verwenden, da es sich nicht auflösen muss.

LAB

Lab ist ein Gemisch von Enzymen, das aus tierischen, pflanzlichen und mikrobiologischen Quellen gewonnen wird. Es wird zum Ausfällen des Milcheiweiß' bei der Käseherstellung verwendet.

Pflanzliche Labaustausch-Tabletten In meinen Rezepten verwende ich ausschließlich pflanzliche Labaustausch-Tabletten. Sie lassen sich gut teilen und im Kühlschrank aufbewahren, und – wie der Name bereits andeutet – dürfen auch Vegetarier den daraus hergestellten Käse genießen. Man erhält sie heute sowohl online als auch in manchen Bioläden oder in der Apotheke.

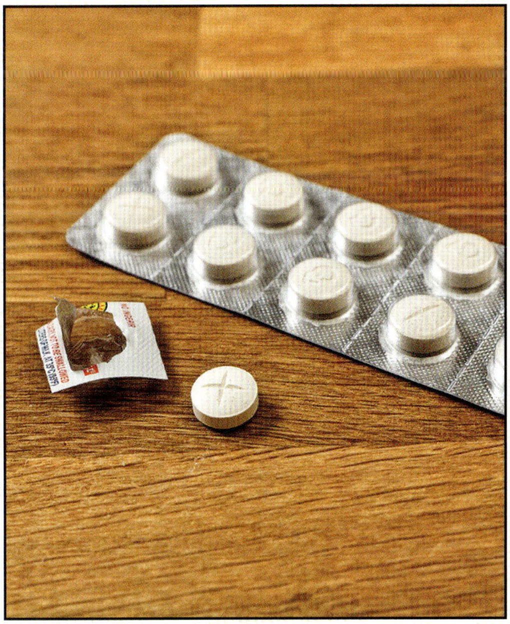

Tierisches Lab in Tablettenform oder flüssiges Lab Wahrscheinlich begegnen Ihnen beim Einkauf auch die tierischen Varianten sowie flüssiges Lab, aber ich rate Ihnen, unbedingt pflanzliches Lab zu verwenden, um ein gutes Gelingen der Rezepte zu garantieren. Die benötigten Mengen unterscheiden sich bei allen Lab-Typen, deshalb lassen sie sich nicht einfach im Verhältnis 1:1 austauschen. Vermeiden Sie also die tierischen Labtabletten, denn man kann sie zwar für einige Käsesorten nutzen, sie sind aber recht schwach und ungeeignet für meine Rezepte.

TIPP! Mit einem preiswerten Tablettenteiler aus der Apotheke lassen sich Labtabletten wunderbar teilen.

KRÄUTER UND GEWÜRZE

Je größer die Vielfalt an getrockneten Kräutern und Gewürzen in Ihrem Arsenal, desto individueller können Sie Ihren Käse gestalten. Ideale Basis-Kräuter sind schwarzer Pfeffer, Chiliflocken, geräuchertes Paprikapulver, Dill, Schnittlauch, Thymian und eine Mischung italienischer Kräuter. Viele Gewürzproduzenten stellen heute Mischungen frei von Zusatzstoffen her, sodass Sie auch vielschichtige Geschmacksrichtungen leicht kreieren können (zu meinen Favoriten gehören bunter Pfeffer, Zitronen-Knoblauch-Pfeffer und eine mexikanische Chili-Mischung). Frische Kräuter kaufen Sie am besten je nach Saison oder ziehen sie einfach selbst. Wie wäre es mit einem raffinierten Kräutergarten? Bevor ich einen Garten hatte, züchtete ich in meiner Wohnung Knoblauchsprossen im Topf. Dafür steckt man ein paar Knoblauchzehen mit dem stumpfen Ende nach unten in einen Topf mit Erde und hält das Ganze feucht. Nach einigen Tagen keimen grüne Sprossen, die Sie das ganze Jahr über ernten können.

MILCH

Nicht jede Milch ist gleich. Die folgenden Punkte müssen Sie bei der Käseherstellung unbedingt beachten::

1. Je weniger die Milch nach dem Melken behandelt wurde, desto einfacher ist die Käseproduktion (nahezu unbehandelte Milch nennt man Rohmilch/Vorzugsmilch).

2. Je näher an Ihrem Heimatort die Milch produziert wurde, desto weniger musste sie für Transport und Lagerung behandelt werden. Lesen Sie stets das Etikett!

Sie haben keine Kuh im Garten? Keine Sorge, das geht den meisten von uns so. Jedes Rezept in diesem Buch kann aus pasteurisierter Milch aus dem Supermarkt hergestellt werden (die Milch darf nur nicht *ultrahocherhitzt* sein).

Aus jeder Milch, die ich ausprobiert habe, wurde am Ende Käse, einige Sorten erleichterten den Gerinnungsprozess (fester Käsebruch, bessere Elastizität etc.).

In jedem Rezept habe ich die empfohlene Milchsorte angegeben (Fettgehalt, Kuh- oder Ziegenmilch usw.), aber natürlich ist das keine strikte Vorgabe. Im Folgenden erhalten Sie einige Tipps, um herauszufinden, welche Milch für Sie ideal ist. Sie werden bei Ihrer Suche auf folgende Bezeichnungen stoßen:

H-Milch Diese Milch wird stärker erhitzt als pasteurisierte Milch, nämlich 2 bis 3 Sekunden lang auf bis zu 150 °C. Sie kann problemlos für lockeren Käse wie den Meyer-Zitronen-Ricotta verwendet werden, eignet sich aber nicht für Rezepte, die Lab benötigen. Einfache Pasteurisierung reicht aus, um den Verzehr von Rohmilch sicherer zu machen, die Ultrahocherhitzung verlängert die Haltbarkeit von 18 auf über 60 Tage. Beim Käsen führt das jedoch zu einem sehr lockeren Käsebruch, da neben den schädlichen auch alle nützlichen Bakterien abgetötet sowie das Milchprotein und Kalzium geschwächt werden. Wenn Sie statt Mozzarella eher Ricotta erhalten, liegt das meist an der ultrahocherhitzten Milch. Passen Sie beim Milchkauf gut auf, oft ist nicht auf den ersten Blick erkennbar, worum es sich handelt. Achten Sie auf die Bezeichnungen „ultrahocherhitzt" oder „UHT" (ultrahochtemperiert).

Bio-Milch Grundsätzlich ist der Kauf von Bioprodukten immer eine gute Idee, aber diese sind nicht automatisch auch für die Käseproduktion geeignet. Auch hier gibt es UHT-Milch, die für den Transport und die Lagerung haltbar gemacht wird. Lassen Sie sich also nicht vom Bio-Label täuschen.

Weidemilch/Grasmilch Bei dieser Milchsorte ist garantiert, dass die Kühe in erster Linie frisches Gras fressen anstelle von Mais und Soja, wie es in der konventionellen Milchwirtschaft üblich ist. Inzwischen gibt es mehrere Hersteller, die Weidemilch vertreiben.

Rohmilch/Vorzugsmilch Diese nahezu unbehandelte Milch lässt sich am besten in Käse verwandeln. Ich persönlich arbeite am liebsten damit, da lebendige Bakterienkulturen und Enzyme sowie Milchprotein und Kalzium das Lab beim Gerinnungsprozess ideal unterstützen. Sie sollten sich jedoch vorher gut über die Risiken informieren und vor allem einen zuverlässigen Lieferanten suchen. In der EU darf Rohmilch nur als Vorzugsmilch im Geschäft verkauft werden. Alternativ dürfen auch Bauern Rohmilch direkt vom Hof aus an den Endverbraucher verkaufen. Letzteres muss keine Garantie für bessere Milch sein, wenn z. B. beim Melken die Hygienerichtlinien nicht streng befolgt oder die Tiere nicht sauber gehalten und gefüttert werden.

ÜBER ROHMILCH

Durch eine mögliche Keimbelastung kann Rohmilch Risiken für Kleinkinder, ältere Leute, Schwangere und Menschen mit geschwächtem Immunsystem bergen. Wenn Sie zu einer dieser Risikogruppen gehören, sollten Sie vor dem Verzehr von Rohmilch oder Rohmilchkäse Ihren Arzt konsultieren.

Frischmilch, unhomogenisiert In meinem Käsewunderland hat jeder stets Rohmilch zur Verfügung. Eine gute Alternative, die ich am liebsten in jedem Supermarkt sehen würde, ist unhomogenisierte Frischmilch. Dabei bildet sich wie bei der Vorzugsmilch eine Rahmschicht auf der Milch. Der einzige Unterschied zwischen Frisch-

und Vorzugsmilch besteht darin, dass Frischmilch pasteurisiert wird. Sie ist inzwischen in vielen Supermärkten und allen Bioläden erhältlich.

Pasteurisierte, homogenisierte Milch Das ist die gewöhnliche Frischmilch, die die meisten von uns aus dem Alltag kennen. Pasteurisierte Milch wird normalerweise 15-30 Sekunden auf 72-75 °C erhitzt. Dabei werden Krankheitserreger abgetötet, leider aber auch die Bakterien und Enzyme verändert, die die Gerinnung fördern. Auf S. 24 erhalten Sie Tipps, wie man Rohmilch selbst leicht pasteurisiert. Bei dieser Milch bildet sich keine Rahmschicht, da die Fettmoleküle gleichmäßig in der Milch verteilt sind.

Buttermilch (mit Milchsäurebakterien versetzt) Die Buttermilch besteht meist aus fettarmer Milch, die mit Milchsäurebakterien versetzt wurde. Falls Sie diese einmal probiert haben, wissen Sie, dass sie spritzig-säuerlich schmeckt, ein bisschen wie Sauerrahm. Dank dieser Eigenschaften verwenden wir sie für Rezepte wie Fromage Facile (S. 43) oder den klassischen Hüttenkäse (S. 57). Sie unterscheidet sich sehr von der frischen Buttermilch, die bei der Herstellung von Butter (S. 236) entsteht. Frische Buttermilch kann man zum Backen von Brot und Brötchen, für Pfannkuchen und Smoothies verwenden. Sie schmeckt köstlich und ist sehr mild, aber nicht so spritzig wie die gekaufte Variante.

Sahne/Rahm Sahne bzw. Rahm ist schlicht das Fett, das sich auf unhomogenisierter Milch absetzt und durch die Homogenisierung darin verteilt wird. Sie wird auch als Schlagsahne oder süße Sahne bezeichnet. Für meine Rezepte können Sie ggf. fettreduzierte Sahne verwenden, sofern sie ungesüßt ist und keine Zusatzstoffe enthält. Am besten ist Rohsahne, aber auch pasteurisierte oder ultrahocherhitzte Sahne verleihen Rezepten wie dem Burrata mit gebräunter Butter (S. 171) die gewünschte Reichhaltigkeit.
Natürlich rate ich Ihnen, stets die bestmögliche Milch zu kaufen, die Sie bekommen können. Dennoch sollten Sie auch einmal mit einer „gewöhnlichen" Milch experimentieren, falls der Käse gelingt, wissen Sie, dass Sie die Hauptzutat immer rasch zur Hand haben.

Je besser die Milch, desto besser der Käse.

Die Grundlagen (und Geheimnisse) der Käseherstellung

Falls Sie ein analytischer Typ sind, der Käse nicht nur essen, sondern auch verstehen und erklären will, dann sind Sie hier richtig. Ich gehe aber bewusst nicht ins kleinste wissenschaftliche Detail, damit niemand abgeschreckt wird. Für diejenigen, die mehr wissen wollen, gibt es reichlich weiterführende Literatur. Hier stelle ich Ihnen nun die wichtigsten Beteiligten und Bestandteile bei der Käseherstellung vor.

DIE FUNKTIONEN DER GRUNDZUTATEN

Milch

Milch, der Grundpfeiler des gesamten Herstellungsprozesses, besteht u. a. aus Wasser, Fetten, Proteinen, Bakterien, Zucker (Laktose) und Mineralstoffen. Wurde die Milch nicht pasteurisiert, enthält sie auch Laktase, ein Enzym, das bei der Verdauung hilft.

Säure

Mischt man Säure unter heiße Milch, so gerinnt diese. Ich verwende am liebsten Essig oder Zitrussäfte. Manchmal reicht das bereits aus, um die gewünschte Konsistenz zu erhalten (z. B. beim Chivo Fresco, S. 75). Manchmal arbeitet die Säure aber auch in Kombination mit Lab und führt zu einem völlig anderen Ergebnis (Lieblingsmozzarella, S. 137).

Indem wir der Milch Säure hinzufügen, imitieren wir den spontanen – bis zu einem bestimmten Punkt – natürlichen Säuerungsprozess, der sich vollzieht, wenn man frische Rohmilch einige Stunden bei Raumtemperatur stehen lässt.

Die in der Milch enthaltenen guten Bakterien wandeln den Zucker (Laktose) in Milchsäure um. Diese verursacht den säuerlichen Geschmack und führt zur Aufspaltung von Käsebruch und Molke. Es scheint fast, als könne die Milch nicht anders, als sich von selbst in Käse zu verwandeln. Natürlich entdeckte der Mensch irgendwann diese Fähigkeit und erfand zahlreiche großartige Wege, um diese natürlichen Eigenschaften und Reaktionen auf köstliche Art und Weise für sich zu nutzen.

ZUCKER ENDEN AUF -OSE (LAKTOSE), ENZYME AUF -ASE (LAKTASE).

Lab

Lab, ob pflanzlich oder tierisch, enthält Enzyme, welche die Proteine in der Milch verändern. Da traditionell sämtliche Teile eines Tieres verarbeitet wurden, stammt Lab ursprünglich aus dem Labmagen noch gesäugter junger Wiederkäuer wie Zicklein oder Kälbern. Deren Verdauungssystem enthält Enzyme, die zur Vergärung und weiteren Verarbeitung der Muttermilch nötig sind. Wie man das entdeckt hat? Nun, der Legende nach transportierte ein Nomade Milch in einem Sack, der aus einem Kälbermagen gefertigt worden war. Im Laufe der Zeit und dank der richtigen Temperatur gärte die Milch. Da er die kostbare Milch nicht wegwerfen wollte, kostete der Nomade die klumpigen Überreste, fand sie lecker und verbreitete die Geschichte weiter. Dies führte zu weiteren Experimenten, aus denen schließlich all die köstlichen Milchprodukte hervorgingen, die wir heute konsumieren.

Die Vorverdauung durch Enzyme im Kälbermagen (vor allem Chymosin und Rennin) verändert die Milchproteine bei der Käseherstellung. Tierisches Lab erhält man meist in flüssiger Form, es gibt aber auch weniger starke Tabletten. Zur großen Freude von Vegetariern kann man die Gerinnung der Milch aber auch mit pflanzlichen

Enzymen auslösen, z. B. aus Disteln (vor allem aus den Staubgefäßen der Kardone), aus der mexikanischen Trompillo-Beere sowie aus Feigensaft. Da die Ergebnisse dabei aber nie wirklich vorhersehbar sind, werden auch pflanzliche Labaustauschstoffe als Flüssigkeit oder in Tablettenform hergestellt. Wie bereits erwähnt, verwende ich für die Rezepte in diesem Buch nur pflanzliche Labaustauschtabletten. Die Enzyme in diesem pflanzlichen Lab werden aus Schimmelpilzen (vor allem Rhizomucor miehei) gewonnen.

Pflanzliche Labaustauschtabletten bieten uns viele nützliche Vorteile. Im Gegensatz zu tierischem Lab oder auch flüssigem vegetarischem Lab sind sie lange haltbar. Im Kühlschrank halten sie sich über Jahre! Sie sind leicht zu dosieren und zu zerteilen (mit einem Tablettenteiler). Für 4 Liter Milch benötigt man ca. ¼ Tablette. Manche sagen, gereifter Käse sei nach Verwendung dieser Tabletten bitter, bei unserem 1-Stunden-Käse ist das aber kein Problem.

Salz

Das Salzen des Käsebruchs ist ein weiterer wichtiger Schritt im Herstellungsprozess. Salz verleiht dem Käse nicht nur einen angenehmen Geschmack, sondern entzieht auch Feuchtigkeit. Das wiederum ist wichtig für die gewünschte Konsistenz und Dichte. Außerdem ist Salz ein effektives Konservierungsmittel. Es macht aus einer rasch verderblichen Flüssigkeit wie Milch unter den richtigen Bedingungen einen gut haltbaren Käse, der nicht einmal durchgehend gekühlt werden muss. Bei unserem Käse dient das Salz jedoch nur dem Geschmack und der Kontrolle des Molkegehalts im Käsebruch.

WICHTIGE FAKTOREN

Die folgenden Prozesse sind nicht kompliziert und sicherlich haben Sie selbst bereits praktische Erfahrungen damit gemacht. Sie helfen jedoch beim besseren Verständnis der Vorgänge, die beim Käsemachen ablaufen, ob Sie nun auf der Suche nach Fehlern sind, die Konsistenz korrigieren oder selbst neue Rezepte entwickeln möchten.

Hitze

Hitze ist an vielen entscheidenden Schritten der Käseproduktion beteiligt. Sie hilft z. B. den Enzymen im Lab bei der Aufspaltung der Milchproteine für die Gerinnung. Zudem bewirkt sie ein Zusammenziehen der Käsemasse, macht sie dehn- und knetbar (siehe Chipotle-Limetten-Oaxaca, S. 161) und trägt zur Verfeinerung der Käsekonsistenz bei.

Eisbäder

Durch Bäder und Spülungen mit Eiswasser wird heißer Käsebruch rasch abgekühlt. Das führt dazu, dass sich das Fett verfestigt und sich der Käse nicht weiter ausdehnt. In Eisbädern bleiben Käseschnüre schön rund (Pizza Filata, S. 151). Außerdem sorgen sie dafür, dass der klassische Hüttenkäse (S. 57) seine typische Konsistenz erhält. Ohne Eisbad würde er eher wie cremiger Ricotta aussehen.

Druck

Für Käsesorten wie den Curry-Panir (S. 67) und den Chivo Fresco (S. 75) ist ein bisschen Druck vorteilhaft, da sie eine relativ hohe Dichte haben sollen. Der warme, klumpige Bruch wird durch sanften Druck gezwungen, eine gleichmäßigere Konsistenz anzunehmen. Sobald der Bruch abkühlt, wird der Käse fester und lässt sich leichter schneiden und weiterverarbeiten.

DIE INNERE EINSTELLUNG DES KÄSEMACHERS

Die Käseherstellung hat etwas Geheimnisvolles, das manche Menschen scheuen. Sehen Sie es lieber spielerisch und geben Sie sich Zeit zum Lernen. In diesem Abschnitt finden Sie hilfreiche Hinweise und Techniken, die Ihnen Sicherheit geben werden – sowohl vor als auch nach Ihrem ersten selbstgemachten Käse. (Ich wünschte, ich hätte sie auch bereits als Anfänger gekannt).

Die erste von vielen Aufmunterungen

Falls Sie die Herausforderung auf S. 4 bereits gemeistert haben, wissen Sie ja schon, was für ein großartiges Gefühl es sein kann, selbstgemachten Käse auf dem Teller zu haben. Wenn Ihnen der Anfang jedoch schwer fällt oder Sie vielleicht einen Rückschlag erlitten haben (trockener Ricotta, gummiartiger Mozzarella), dann schlagen Sie in diesem Kapitel nach. Alle Rezepte in diesem Buch sind ganz einfach, trotzdem ist das Käsen eine Kunst, und wie jede andere Kunst muss sie geübt werden.

Selbst wenn Sie den Schritt-für-Schritt-Fotos minutiös folgen, fällt das Ergebnis vielleicht nicht so aus wie erwartet. Ihr Käse schmeckt aber vermutlich dennoch köstlich und beim nächsten Versuch bedarf es nur einer kleinen Verbesserung.

Tatsache ist, der Unterschied zwischen Erfolg und Misserfolg liegt vielleicht nur in der Veränderung einer Zutat oder einem Temperatursprung von wenigen Graden. Sie können sicher sein, dass selbst Käseprofis wieder und wieder vor diesem Problem stehen. Vielleicht erfinden Sie dabei eine Käsesorte, die nicht in diesem Buch steht. Das macht Sie zu einem echten Käse-Pionier! Nicht selten stolpern professionelle Käsemacher aus Zufall über ihr beliebtestes Rezept. Fragen Sie sich also nicht, was Sie falsch gemacht haben, sondern fragen Sie sich lieber, was Sie richtig gemacht haben. Schauen Sie sich einfach mal den Smoky Cheater auf S. 103 an – mein bisher bester Fehler.

Bevor Sie alles hinwerfen und dem Käsemachen abschwören, sollten Sie die Problembehandlung auf S. 25 lesen. Darin werden Sie Hinweise zur Fehlerdiagnose und -vorbeugung finden. Nicht aufgeben, lieber Käsefreund, das wird schon!

Tricks und Kniffe

Diese Tricks und Kniffe habe ich im Laufe der Jahre durch eingehende Nachforschungen sowie durchs Versuch-und-Irrtum-Prinzip gelernt. Beim Üben werden Sie garantiert selbst neue Tricks austüfteln, die Ihre Arbeitsweise perfekt ergänzen.

MILCH ERHITZEN – IM WASSERBAD, ODER ETWA NICHT?

In anderen Büchern über die Käseherstellung werden Sie oft lesen, dass man Milch grundsätzlich nur langsam und sanft im Wasserbad erhitzen soll. Das direkte Erhitzen im Topf kann bei hohen Temperaturen schwierig sein. Mit den folgenden drei Tipps klappt es aber ganz sicher, und Sie sparen auch noch Zeit.

1. Die Milch sollte Raumtemperatur haben. Wenn Sie später Käse machen wollen, nehmen Sie die Milch einfach 2 bis 3 Stunden zuvor aus dem Kühlschrank. Der Temperaturunterschied spart Zeit und verhindert angebrannte Töpfe.

2. Verwenden Sie einen Topf mit einem sehr dicken Boden (oder kaufen Sie sich einen). Milchzucker verbrennt darin weniger schnell und klebt nicht am Boden fest, weil die Hitze absorbiert und gleichmäßiger verteilt wird. Sie können auch einen beschichteten Topf benutzen.

3. Beginnen Sie auf mittlerer Hitze und erhöhen oder verringern Sie diese nach Bedarf. Achten Sie beim Rühren darauf, ob die Milch am Topfboden kleben bleibt. Da Milch Laktose enthält, neigt sie dazu, zu karamellisieren. Passen Sie die Hitze an, rühren Sie regelmäßig und vor allem: Bleiben Sie dabei! Angebrannte Milch schmeckt scheußlich. Solange die anhaftende Milch weiß bleibt und sich leicht abschaben lässt, ist alles in Ordnung.

WASSERBAD SELBST GEMACHT

Wollen Sie die Milch doch lieber sanft erhitzen, können Sie aus normalen Haushaltsgegenständen rasch ein Wasserbad improvisieren. Füllen Sie dazu einen grossen Topf zu etwa einem Drittel mit Wasser, stellen Sie eine hitzebeständige Schüssel (aus Edelstahl oder Glas) oder einen etwas kleineren Topf mit Milch hinein und erhitzen Sie das Wasser. Achten Sie darauf, dass das Wasser nicht überläuft.

Sie müssen nun zwar ebenfalls die Temperatur überwachen, aber die Milch kann nicht mehr anbrennen. Der ganze Prozess dauert bei 4 Litern Milch jedoch gut 15 bis 20 Minuten länger. Diese Methode ist jedoch sehr hilfreich, wenn Sie später aufwendigeren Käse herstellen möchten, der reifen muss. Bei den Rezepten in diesem Buch ist sie nicht notwendig.

ABTROPFMETHODEN

Ich wende bei der Käseproduktion gern folgende Methoden an:
Sieb und Seihtuch sind die klassische Methode, der hängende Käsebeutel beschleunigt den Prozess.

Abtropfmethode 1: Sieb und Seihtuch

Sofern Sie es nicht gerade besonders eilig haben, ist diese Methode für unsere Zwecke ausreichend. Sollten Sie nicht viel Erfahrung in der Küche haben oder ein bisschen ungeschickt sein – so klappt es garantiert:

1. Hängen Sie das mit einem Seihtuch ausgeschlagene Sieb über eine große Schüssel (auch dann, wenn Sie die Molke nicht aufheben wollen). Das dient der Sicherheit für den Fall, dass Sie nicht mehr wissen, ob Sie Säure dazugegeben haben, oder das neue Seihtuch zu grobmaschig ist. So landet der Käsebruch in der Schüssel und nicht in der Spüle und Sie können sofort Schadensbegrenzung vornehmen

2. Seihtücher können im Trockner leicht einlaufen und völlig zerknittern. Weichen Sie sie deshalb vor der Benutzung in sauberem Wasser ein und wringen Sie sie dann kräftig aus. Legen Sie das Sieb sorgfältig damit aus, sodass das Tuch am Sieb klebt. Auf diese Weise kann nichts von Ihrem kostbaren Käsebruch durchrutschen und im Abfluss verschwinden.

In den meisten Fällen entscheide ich mich für die Abtropfmethode mit dem Käsebeutel. Bei sehr weichem, cremigem Käsebruch, z. B. beim Meyer-Zitronen-Ricotta (S. 35) oder dem Französischen Ziegenkuss (S. 49) kann es allerdings etwas länger dauern. Je nach Beschaffenheit von Käsemasse, Sieb und Tuch kann das heiße, vollgesogene Tuch das Sieb quasi verschließen, auch winzige Bruchkörner können die Löcher des Siebs verstopfen. Ich habe deshalb stets ein Auge auf den Prozess, rühre alle paar Minuten um, hebe das Tuch an oder schwenke die Masse leicht, damit nichts verstopft.

Abtropfmethode 2: Der hängende Käsebeutel

Käsemacher sind einfallsreiche Typen. Im Internet finden Sie die kuriosesten Plätze, an denen Menschen ihren Käse zum Abtropfen aufhängen: am Bungeeseil, über der Badewanne, am Fotostativ etc. Es stimmt: Die schnellste Abtropfmethode besteht darin, Käsebruch (besonders feinkörnigen) in einen Beutel zu füllen und aufzuhängen. Das Ganze ist schnell und einfach nachgemacht.

1. Das Sieb mit dem Seihtuch auslegen und den Käsebruch samt Molke hinein füllen. Die Ecken des Tuchs zusammennehmen und locker verknoten. Achtung, die Molke ist heiß! Nun gibt es mehrere Möglichkeiten ….

2a. Einen Löffel durch den Knoten schieben und den Beutel damit über ein hohes, schmales Gefäß hängen.

b. Den Beutel an einen Ort hängen, wo er nicht im Weg ist, z. B. an den Wasserhahn in der Küche. Falls die Enden des Beutels zu kurz sind, einfach mit einem Stück Baumwollschnur verlängern. Bei der Ortswahl beachten, dass die abtropfende Molke aufgrund der Laktose ziemlich klebrig ist.

Am besten probieren Sie aus, welche Aufhängungsvorrichtung bei Ihnen gut funktioniert. Ich mache immer mehrere Dinge gleichzeitig, für die ich am Ende Wasserhahn und Spüle benötige.

Transportable Käsebeutelaufhängung

Ein Bananenhalter aus Metall! Ich kaufte mir einem im Secondhand-Shop und stellte nebenbei fest, dass man daran auch Käsebeutel aufhängen kann. Ich stelle den Halter einfach in eine Schüssel und befestigt den Beutel daran.

KÄSEPRESSEN LEICHT GEMACHT

Ein besonders praktischer Aspekt der Rezepte in diesem Buch ist, dass Sie kaum Zeit für das Pressen des Käses aufwenden müssen. Dies ist vor allem bei Käsesorten erforderlich, die monatelang reifen müssen, da sie erst durch das Pressen eine gleichmäßige Konsistenz bekommen Für unsere Zwecke reicht ein mit Wasser gefüllter Behälter vollkommen aus. Das Pressgewicht legen wir dabei allein durch die Wassermenge fest. Denken Sie stets daran, zuerst eine flache Unterlage, z. B. einen Teller, auf den Käse zu legen und den Wasserbehälter dann darauf zu stellen.

Für kleinere Käse verwenden Sie einfach ein kleineres Gefäß. Sogar eine Konservendose erfüllt den Zweck. Wenn Sie den Druck erhöhen wollen, wickeln Sie einfach ein festes Gummiband um Käse und Gewicht. Achten Sie aber darauf, dass nur klare Flüssigkeit austritt. Ist diese weißlich, verliert Ihr Käse kostbares Fett!

Großes, mit Wasser gefülltes Gefäß als Käsepresse

Kleineres Gefäß für kleineren Käse

Ich war deshalb sehr froh, als ich zufällig meinen perfekten Aufhängungsmechanismus entdeckte (siehe „Transportable Käsebeutelaufhängung")

AUFBEWAHREN, EINFRIEREN, VERSCHENKEN

Delikatessen wie Mozzarella und Feta, in Molke oder Wasser eingelegt, gehören für die meisten von uns inzwischen zum Alltag und sind in fast allen Supermärkten zu kaufen, oftmals frisch an der Käsetheke. Das sieht zwar toll aus, aber keine der Käsesorten in diesem Buch sollte so aufbewahrt werden. Idealerweise verwenden Sie einen verschließbaren Glasbehälter, doch Kunststoffbehälter oder Ziplock-Tüten usw. sind ebenfalls geeignet.

Die meisten Käsesorten in diesem Buch lassen sich relativ gut einfrieren (damit sie nicht verderben). Aber würde sich Ihr Nachbar oder Kollege nicht auch sehr über einen hausgemachten

Käse freuen? Zart schmelzende Käsesorten wie Mozzarella schmecken ganz frisch am besten, im Notfall können sie aber in einem luftdichten Behälter für 4 Wochen eingefroren werden. Die Konsistenz verändert sich dadurch ein wenig, doch zum Kochen oder Überbacken kann man sie nach dem Auftauen problemlos verwenden.

WASSER ENTCHLOREN

In den USA wird ein Großteil des Trinkwassers zwecks Entkeimung mehr oder weniger stark gechlort. In einigen meiner Rezepte wird chlorfreies Wasser benötigt, da Chlor die Wirksamkeit von Lab beeinträchtigt. Nun müssen Sie kein Wasser aus der Flasche verwenden, sofern Sie einen Filter an Ihrem Wasserhahn haben. Ansonsten füllen Sie eine große Kanne mit Leitungswasser und lassen diese 24 Stunden stehen. In dieser Zeit verdunstet eine ausreichende Menge Chlor. Alternativ mixen Sie etwas Wasser in Ihrem Standmixer. (Das funktioniert tatsächlich!) Hier in Portland, Oregon, kann ich mein Leitungswasser direkt verwenden, und falls Ihr Wasser nicht zu sehr nach Swimmingpool riecht, können Sie das auch tun.

ROHMILCH SANFT PASTEURISIEREN

Falls Sie sich bei Rohmilch (S. 15) noch unsicher sind, können Sie diese zu Hause selbst leicht pasteurisieren. Die Milch behält genug ihrer guten Eigenschaften, damit Sie daraus großartigen Käse machen können, denn sie wird bei dem Prozess ja nicht homogenisiert.

1. Die Rohmilch in einen Topf (ggf. im Wasserbad) gießen.

2. Die Milch auf 63 °C erhitzen und dabei alle paar Minuten umrühren, damit sie nicht aufkocht.

3. Die Temperatur 30 Minuten lang bei genau 63 °C halten. Die Hitze muss entsprechend erhöht oder reduziert werden.

4. Anschließend den Herd ausschalten und den Topf in die mit Eiswasser gefüllte Spüle bzw. einen größeren Topf stellen. So lange rühren, bis die Temperatur der Milch auf 5 °C gesunken ist.

Herzlichen Glückwunsch, Sie haben die Milch soeben sanft pasteurisiert. Nun kann es weitergehen!

Käsebruch-Support (Problembehandlung)

In den meisten Büchern finden Sie das Kapitel zur Problembehandlung *hinter* den Anleitungen bzw. Rezepten. Als Lehrerin ist es mir aber viel lieber, wenn meine Schüler gleich die Initiative ergreifen. Wenn Sie diese Tipps lesen, *bevor* Sie in die Küche gehen, wissen Sie gleich, wo Sie eventuell Veränderungen vornehmen müssen. Machen Sie sich aber bloß nicht zu viele Gedanken – das Ganze ist ein Lernprozess. Außerdem gebe ich zu jedem Rezept spezifische Tipps. Eines ist aber sicher: Kosten Sie den fertigen Käse immer, auch wenn er anders aussieht als erwartet. Meist schmeckt er trotzdem toll und möchte nur mit frisch gemahlenem Pfeffer, Olivenöl und Brot kombiniert werden. Keine Sorge, wir werden das Problem trotzdem untersuchen, damit Ihr Käse beim nächsten Versuch auch so gut aussieht, wie er schmeckt.

PROBLEM: Der Frischkäse (z. B. Meyer-Zitronen-Ricotta oder Französischer Ziegenkuss) ist trocken und krümelig.

Dieses Problem tritt bei Anfängern am häufigsten auf. Gehen wir die Checkliste durch:

- ☐ **Haben Sie sich genau an das Rezept gehalten?**
- ☐ **Haben Sie die empfohlene Milch und Säure verwendet?**
- ☐ **Haben Sie die Milch genau nach Anweisung erhitzt?**

Rezept Käse in nur einer Stunde herzustellen, ist zwar bequem, aber Sie müssen dennoch die ganze Zeit über aktiv dabei bleiben. Achten Sie also nicht nur auf die Zeit und gehen Sie sorgfältig vor. Lesen Sie sich jedes Rezept erst einmal durch und suchen Sie alle Zutaten und Utensilien zusammen. Prüfen Sie alle Mengenangaben und Temperaturen genau. Diese Überprüfung verhindert, dass man im Eifer des Gefechts nach dem falschen Messlöffel greift. Verdoppelt man den Säure-Anteil versehentlich, macht das einen gewaltigen Unterschied.

Fett Zu wenig Fett macht einen Käse krümelig und/oder gummiartig. Die Konsistenz und das Gefühl im Mund stimmen nicht, wenn Sie nicht die angegebene Milch (z. B. Mager- statt Vollmilch) verwenden. Im Zweifelsfall lassen Sie einfach etwas mehr Feuchtigkeit (Molke) in Käsesorten wie dem Fromage Facile, indem Sie die Abtropfzeit verkürzen.

Säure Zu viel Säure macht Käse zäh. Alle Essigsorten und besonders die Zitrusfrüchte unterscheiden sich im Säuregehalt. Man lernt aber rasch damit umzugehen. Verwenden Sie beim nächsten Mal einfach einen halben Teelöffel Säure weniger. Wenn der Säureanteil zu gering war, werden Sie das schnell sehen: Dann ist die Molke zu milchig und die Ausbeute deutlich geringer als im Rezept angegeben. Reduzieren Sie die Säure also in kleinen Schritten. Im Zweifelsfall können Sie später meist noch etwas dazugeben.

Temperatur Halten Sie die in den Rezepten angegebenen Temperaturen genau ein. Testen Sie diese nach dem Rühren an verschiedenen Stellen im Topf, damit sich keine zu großen Temperaturunterschiede bilden. Steigt die Temperatur sprunghaft an oder wird die Milch zu lange erhitzt, verändert sich das Resultat und der Käse kann trocken und krümelig werden. Doch werfen Sie ihn nicht weg, denn krümeliger Käse lässt sich meist noch zu einer Art Panir pressen.

☐ **Ist das Thermometer in Ordnung (s. Kasten)?**

Thermometer können durch extreme Temperaturen oder zu grobe Handhabung „geschockt" werden, sodass die Kalibrierung nicht mehr stimmt. So kann es schnell passieren, dass Milch zu stark erhitzt wird, was zu zähem, trockenem Käsebruch führt. Ist die Temperatur zu niedrig, wird die Masse zu weich oder dickt überhaupt nicht ein.

☐ **Das Thermometer ist intakt und Sie haben sich an das Rezept gehalten. Wurde die Käsemasse vielleicht zu viel Hitze und Luft ausgesetzt?**

Haben Sie Ihren Käsebruch beim Unterrühren des Salzes vielleicht zu lange bewundert? Schon Kleinigkeiten wie diese verändern die Konsistenz des Käses.

Salz und Luft Beim Rühren des Käses wird besonders unter Beigabe von Salz Flüssigkeit freigesetzt. Die Luft trocknet den Käsebruch ebenfalls aus. Zarter Ricotta darf deshalb nur wenig gerührt werden, damit nicht zu viel Luft entweicht.

Hitze Wie bereits erwähnt kann Käse zäh werden, wenn er zu lange in heißer Molke verbleibt. Auch Hitze führt zur Freisetzung von Flüssigkeit (in Form von Molke), was die Bruchkörner schrumpfen lässt. Berücksichtigen Sie diese Eigenschaften, wenn Sie Rezepte anpassen oder neue kreieren. Frischkäse sollte so wenig wie möglich gerührt, abgetropft und „gelüftet" werden. Sobald der Käse die gewünschte Konsistenz hat, sollten Sie aufhören zu rühren. Verändert sich die Konsistenz von streichfähig zu krümelig, war es zu viel des Guten – beim nächsten Mal wissen Sie es dann besser. Bei den meisten Rezepten werden Sie nur einen oder zwei Versuche benötigen, bis Sie das gewünschte Resultat erzielen. Falls es dann aber noch immer nicht ganz aussieht wie auf dem Foto – nun, ist das nicht auch der gewisse Charme von Selbstgemachtem?

PROBLEM: Bei mir dickt die Milch niemals ein bzw. ich kann den Käse nicht ziehen.

Thermometer prüfen und neu kalibrieren

Selbst das hochwertigste Gerät ist nicht davor gefeit, aus dem Gleichgewicht zu geraten. Überprüfen Sie anhand folgender Schritte, ob Ihr Thermometer noch richtig geeicht ist:

1. Eine Tasse mit Eis füllen und gerade genug Wasser hinzugeben, dass das Eis bedeckt ist.
2. Das Thermometer ggf. aus der Hülle nehmen.
3. Das Thermometer 30 Sekunden ins eiskalte Wasser tauchen. Die Temperaturanzeige sollte sehr nahe am Gefrierpunkt liegen (bis 1 °C).
4. Beträgt die Abweichung mehr als 2 °C, das Thermometer neu kalibrieren, ansonsten ein neues Thermometer kaufen.

Dicklegung/Gerinnung Falls Sie sich genau an das Rezept gehalten, die richtige Säure und Säuremenge sowie das richtige Lab verwendet haben, liegt es vermutlich an der Qualität der Milch. Sie müssen entweder eine andere Sorte ausprobieren oder der Milch etwas Kalziumchlorid beifügen, um ihre Struktur zu „reparieren". Verrühren Sie dazu ¼ TL mit 60 ml Wasser und mischen Sie es sofort unter die Milch.

Dehnen/Ziehen Mithilfe einer Mikrowelle lässt sich diese Art Käse leichter erhitzen und ziehen. Wenden Sie die Methode mit heißer Molke an (S. 144), werden Sie den Käsebruch vermutlich nicht so weit ziehen können. Fühlt sich die Masse elastisch an, sind Sie auf dem richtigen Weg. Falten, pressen oder rollen Sie den Käse einfach in eine Form, die der auf den Abbildungen weitestgehend ähnelt. Haben Sie mit einer Mikrowelle gearbeitet und können den Käse dennoch nicht richtig ziehen, erhitzen Sie die Masse weitere 30 Sekunden oder kneten und falten Sie das Ganze weitere 10 Mal.

PROBLEM: Unser Lieblingsmozzarella und der Chipotle-Limetten-Oaxaca sehen wachsartig aus und sind steinhart.

Wenn Sie die richtige Milchsorte und Labmenge verwendet haben, kann es nur daran liegen, dass die Milch irgendwann zu heiß geworden ist. Das kann entweder gleich am Anfang, kurz bevor oder nachdem Sie das Lab hinzugefügt haben oder beim erneuten Erhitzen passiert sein.

Temperatur ablesen Eventuell hat die Milch in Ihrem Topf nicht überall die gleiche Temperatur, da Ihre Herdplatte an einigen Stellen vielleicht heißer ist als an anderen. Damit die Temperatur korrekt angezeigt wird, rührt man die Milch unmittelbar vor der Messung sorgfältig um. Anschließend wird die Temperatur an 2 verschiedenen Stellen im Topf gemessen.

Erhitzen vor dem Ziehen Auch Käsebruch wird gelegentlich zu stark erhitzt, entweder in der Mikrowelle oder im heißen Molkebad. Gießt man kochende Molke über den Mozzarellabruch, wird daraus in kürzester Zeit eine Art Gummiball. Zudem wird der Käse zäh und wächsern, wenn man ihn zu lange in der Mikrowelle erhitzt und danach zu oft zieht. Halten Sie sich unbedingt an die im Rezept vorgegebenen Temperaturen und Anweisungen – sie sind wirklich wichtig!

„Berücksichtigen Sie diese Eigenschaften, wenn Sie Rezepte anpassen oder neue kreieren."

Bedenken Sie: Das Ergebnis mag Sie vielleicht überraschen, aber in den meisten Fällen können Sie unliebsame Überraschungen vermeiden, indem Sie das Rezept zunächst gründlich lesen. Halten Sie sich an die Anweisungen, verwenden Sie das richtige Zubehör und orientieren Sie sich an den Tipps in diesem Buch.

Zen und die Kunst, dem Käse einen Namen zu geben

Sie können darauf vertrauen, dass ich Sie auf Ihrer Reise durch die Käse-Wunderwelt begleite, aber machen Sie sich bloß nicht zu viele Gedanken darüber, was alles schiefgehen könnte.

> **„Ist das Resultat köstlich, aber anders als geplant, dokumentieren Sie, was passiert ist, damit Sie beim nächsten Mal daraus lernen können."**

Gehorchen Sie Ihren Instinkten und halten Sie sich an die Rezepte. Gibt es doch einmal Probleme, schauen Sie einfach in diesem Kapitel nach oder senden Sie eine E-Mail an claudia@urbancheese craft.com. Gemeinsam werden wir das Problem schon lösen. Zen und die Kunst, dem Käse einen Namen zu geben.

Wie wir ja bereits besprochen haben, wurden viele Käsesorten durch Zufall entdeckt. Seien Sie also nicht so streng zu sich und lassen Sie Ihrer Kreativität freien Lauf. Es kann durchaus passieren, dass Sie auf einige der Probleme, die auf S. 25 behandelt werden, stoßen. aber natürlich ist es auch möglich, dass bei Ihnen alles einwandfrei läuft. Und selbst wenn einmal etwas richtig daneben geht, ist das Resultat in den meisten Fällen immerhin essbar. So können zäher Mozzarella, Chipotle-Limetten-Oaxaca oder Pizza Filata wie Panir gewürfelt und weiterverarbeitet werden. Er wird wieder etwas weicher, wenn man ihn in Tomatensauce köchelt. Krümeliger Ricotta (oder auch Französischer Ziegenkuss, Fromage Facile oder Hüttenkäse) kann als Zutat auf Pizza, in Pasta und Salaten sowie als Füllung von Gemüse etc. verwendet werden.

ZUR ERINNERUNG: OM = YUM!

Fazit: Schmeckt Ihre Kreation, sieht aber anders aus als erwartet, geben Sie ihr einfach einen neuen Namen und notieren Sie die Vorgehensweise. Beim nächsten Mal wissen Sie es dann besser.

Das Käse-Logbuch

Führen Sie ein Käse-Logbuch (ab S. 260 können Sie sich erste Notizen machen). Schildern Sie Ihre Abenteuer, Experimente und Neuentdeckungen. Hat der „misslungene" Ricotta fantastisch geschmeckt? Notieren Sie rasch, wie es dazu gekommen ist. Ist die Milch versehentlich aufgekocht? Haben Sie die doppelte Menge Säure hinzugegeben? Vielleicht wissen Sie auch gar nicht, wo der Fehler lag.
Wichtig ist, dass Sie alles akribisch dokumentieren.

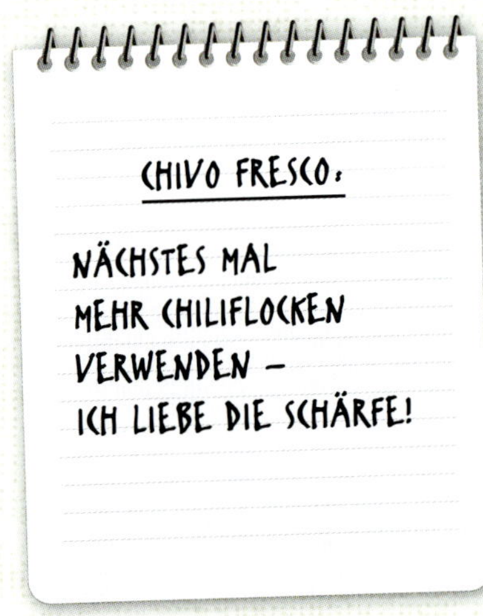

Womöglich fällt Ihnen dann später auf, woran es lag.)

Die folgenden Worte der Weisheit – aus Schaden wird man klug – sollten Sie sich stets vor Augen halten, damit Ihr Käseabenteuer nie in Stress ausartet:

1. Erst kosten, dann taufen

Sie sollten besser nicht lauthals bei Ihren Freunden verkünden: „Ich mache zum ersten Mal Mozzarella, kommt alle vorbei!" Machen Sie sich stattdessen einen alten Gastronomen-Trick zu eigen (der außerdem ziemlich schick klingt): „Es gibt Käse du Jour!" Oder auch: „Es wird gegessen, was auf den Tisch kommt.""

ALIAS „KÄSE DES TAGES"

Sobald der Käse fertig ist, können Sie Ihre Ansage, äh, Speisekarte immer noch aktualisieren: „Überraschung, ich habe Mozzarella gemacht!" Was ich damit sagen will: Machen Sie sich nicht verrückt. Die Käserei soll Freude bereiten. Wie der Käse auch aussehen mag, schmecken wird er (fast) immer.

2. Bewahren Sie den Fehlschlag auf, bis Sie sich beruhigt und mehr Informationen gesammelt haben.

Ist aus dem Käse eher eine milchige Suppe geworden, heben Sie diese auf, bis Ihr Ärger verraucht ist. Bedenken Sie auch, dass so etwas nur äußerst selten vorkommt.

Wahrscheinlich sind Sie frustriert, das will ich Ihnen gar nicht absprechen. Lassen Sie den „Käse" erst einmal liegen; werfen Sie ihn auf keinen Fall sofort weg. Holen Sie tief Luft. Überraschende Resultate können fast immer noch zu etwas wahrhaft Köstlichem weiterverarbeitet werden.

Sobald Sie sich beruhigt haben, gehen Sie den Prozess noch einmal Schritt für Schritt durch. Haben Sie die Plastikkappe vom Thermometer entfernt? (Kommt häufiger vor, als Sie glauben.) Überprüfen Sie die Zutaten. Ziehen Sie Ihre Notizen und die Problembehandlung hinzu. Sehen Sie auf meiner Website (urbancheesecraft.com) in den FAQs nach. Oder schreiben Sie eine E-Mail an claudia@urbancheesecraft.com mit dem Betreff „Curd Support". Ich mag Herausforderungen, und gemeinsam können wir Ihren Käse sicher retten bzw. verhindern, dass das Problem sich wiederholt.

„Schildern Sie Ihre Abenteuer, Experimente und Neuentdeckungen."

3. Denken Sie nicht so viel nach

Viele angehende Käser machen sich viel zu viele Gedanken über ein Rezept. Vielleicht glauben Sie, der Prozess müsse unfassbar kompliziert sein, denn sonst würde es ja jeder machen. Oder vielleicht sind Sie auch einfach zu ungeduldig. Lassen Sie den Dingen ihren Lauf. Fügen Sie keine unnötigen Schritte hinzu, nur weil Sie online irgendwo irgendetwas gelesen haben oder sich an obskure Fakten aus dem Chemieunterricht erinnern. Später können Sie ruhig herumexperimentieren, aber am Anfang sollten Sie sich möglichst genau an die bewährten Schritte halten.

Und sollten Sie irgendwann einmal eine echte Verbesserung entdecken, sagen Sie mir doch Bescheid, oder?

4. Gehen Sie mutig ans Werk

Machen Sie den Kopf frei, halten Sie sich an die Rezepte, und möge der Quark mit Ihnen sein!

WIE MAN DIESES BUCH UND DIE REZEPTE BENUTZT

Die folgenden Dinge sollten Sie beim Lesen dieses Buches und der Rezepte im Auge behalten.

Entscheidungen, Entscheidungen

Jedem Rezept vorangestellt finden Sie eine Zusammenfassung der Fakten unter der Überschrift *Wie einfach ist es?*. Daran können Sie sich orientieren, wenn Sie wissen wollen, ob Sie Zeit, Zutaten und Verwendung für eine bestimmte Käsesorte haben. Für Anfänger ist der *Schwierigkeitsgrad* (einfach, noch einfacher, am einfachsten) relevant, auch wenn alle Käsesorten einfach zuzubereiten sind. Lesen Sie sich jedes Rezept durch, bevor Sie anfangen, damit Sie stets wissen, was auf Sie zukommt. Dann folgen Sie der Schritt-für-Schritt-Anleitung.

Aus der Kuh auf den Tisch

Die Zubereitung der 16 Käsesorten in diesem Buch wird Schritt für Schritt ausführlich erklärt und bebildert, inklusive Serviervorschlag und Beilagenempfehlungen. Dank der Vielfalt an Formen und Geschmacksrichtungen (S. 183 ff.) können Sie sich wochenlang mit einer Käsesorte beschäftigen. Experimentieren Sie mit den Kombinationen und Beilagen (S. 213 ff.), z. B. Crackern und beschwipsten Früchten.

Planen wie ein Küchenchef

Da wir Käse in nur einer Stunde herstellen, sind die Zeitfenster der einzelnen Zubereitungsschritte klein. Wenn Sie also 10 Minuten damit verbringen, Ihr Sieb zu suchen, kann das große Auswirkungen auf das Ergebnis haben. Sobald Sie sich für einen Käse entschieden und die Zutaten und Utensilien zusammengetragen haben, sollten Sie sich einen Arbeitsplatz einrichten, an dem alles jederzeit griffbereit ist. Die notwendigen Informationen vermittle ich Ihnen in jedem Rezept, sodass Ihr *Mise-en-Place-System* (Küchenchef-Jargon für „alles am richtigen Platz") schnell einsatzbereit ist.

Denken Sie nachhaltig

Bitte ich Sie tatsächlich darum, die komische gelbliche Flüssigkeit aufzubewahren? Aber ja, die Molke! Warum sollten Sie etwas verschwenden, das noch so viele nützliche Verwendungsmöglichkeiten bietet, und zwar nicht nur in der Gastronomie. Bevor Sie die wertvolle Flüssigkeit einfach in den Ausguss schütten, sollten Sie bedenken, was Sie alles damit machen können. Es ist erstaunlich, wie viel Molke nach der Herstellung von Käse übrig ist. Im Kasten auf der rechten Seite finden Sie einige tolle Verarbeitungstipps. (Hinweis: Molke lässt sich gut einfrieren. Füllen Sie den Behälter aber nur zu vier Fünfteln, damit die Molke sich beim Gefrieren ausdehnen kann.)

WEITERE VERWENDUNG DER 1-STUNDEN-MOLKE

Bei jedem Rezept bleibt reichlich Molke übrig, die wertvolle Mineralstoffe und Proteine enthält. Warum sollen wir das verschwenden? Molke schmeckt milchartig, aber würzig und ist daher ideal geeignet für viele hausgemachte Leckereien.

Wenn Sie auf einem Bauernhof leben, wissen Sie sicher, wie sehr Hühner und Schweine Molke mögen. Manche Menschen gießen damit wohl auch ihre Pflanzen. Ich hatte bisher Bedenken, weil Molke recht süß und manchmal auch noch leicht klumpig ist – ich will doch kein Ungeziefer anlocken!

Stattdessen lasse ich die Molke lieber in der Küche. Hier eine kurze Liste potenzieller Verwendungsmöglichkeiten:

- **Smoothies:** Was glauben Sie, woraus Molkepulver besteht?
- **Risotto, Haferbrei, Reis oder Bohnen:** Hat als Wasserersatz einen größeren Nährwert.
- **Suppengrundlage:** Schmeckt besonders gut in Cremesuppen.
- **Bohnen oder Getreide einweichen:** Wasserersatz (Flüssigkeit hinterher entsorgen).
- **Speiseeis und Sorbet:** 250 ml der vorgegebenen Flüssigkeit im Rezept damit ersetzen.
- **Brötchen, Brot und Pizzateig:** In jedem Backrezept anstelle von Wasser verwenden.

HINWEIS: Molke enthält noch sehr viel Laktose. Wer diese schlecht verträgt, sollte Molke besser meiden. Vielleicht freut sich ja Ihre Nachbarin darüber.

VIER LITER MILCH UND SIE: EINE KURZGESCHICHTE

Sie sind im Besitz von vier Litern vollfetter Rohmilch. Sie schöpfen einen Großteil des Rahms ab und machen daraus die beste Butter, die Sie jemals gegessen haben (S. 236). Dabei entsteht ein Nebenprodukt: echte Buttermilch. Diese Buttermilch verwenden Sie zum Backen köstlicher Brötchen oder Pfannkuchen.

Nun haben Sie noch immer die restliche entrahmte Milch. Daraus machen Sie Frischkäse wie Pizza Filata (S. 151) und Chipotle-Limetten-Oaxaca (S. 161) oder einfachen Joghurt (S. 243). Schließlich bleibt eine Menge Molke übrig, aus der Sie einen klassischen Ricotta herstellen oder die Sie an die Schweine verfüttern. Ist nicht mehr so viel Molke da, sehen Sie unter „Verwendung der 1-Stunde-Molke" nach und verbrauchen sie vielleicht in Risotto, Suppen oder Eis.

Die Moral von der Geschicht': Vier Liter frische Rohmilch bieten mannigfaltige Möglichkeiten, sodass es sich durchaus lohnt, einen höheren Preis dafür zu bezahlen.

Milchbauer und Freund Mike Guebert

Kapitel 2

REZEPTE FÜR 1-STUNDEN-KÄSE

BEREIT, SICH SELBST IN STAUNEN ZU VERSETZEN?

Jeder kann Käse innerhalb einer Stunde selber machen. Haben Sie bloß keine Angst, auch wenn Sie sich für einen kulinarischen Laien halten. Die Rezepte sind so gestaltet, dass sie einem natürlichen Fluss folgen, wie eine Workshop-Reihe.

Wollen Sie das Käsemachen so lernen, als wären Sie ein Schüler in einem meiner Kurse, sollten Sie mit der Rubrik „Cremig und streichbar" beginnen. Wählen Sie dann ein Rezept aus der Kategorie „am einfachsten". Dann geht es weiter mit einem der einfachsten Käsesorten aus dem Kapitel „Fest und zäh", gefolgt von einem gleichen Käse aus der Rubrik „Zart schmelzend und klebrig".

Diese Reihenfolge vermittelt Ihnen eine gute Übersicht über sämtliche Methoden, die wir in diesem Buch anwenden. Später werden Sie dann umso mehr Spaß beim Ausprobieren der anderen Rezepte haben.

Sollten Sie dagegen schon einmal Käse selbst hergestellt oder Erfahrung in sämtlichen Küchendisziplinen haben, können Sie mit jedem Rezept anfangen. Sie finden bei jedem Rezept einen kurzen Leitfaden zum Schwierigkeitsgrad, anhand dessen Sie Ihr nächstes Projekt auswählen können. Ganz egal, wo Sie letztendlich anfangen, letztendlich ist vor allem eines wichtig: Es soll Spaß machen!

MEYER ZITRONEN-RICOTTA

Ricotta wird traditionell aus Molke hergestellt und ist somit eigentlich ein Nebenprodukt der Käseproduktion. Da wir für eine Charge Ricotta aber weniger als 4 Liter Milch statt der üblichen 2000 Liter verwenden, würden wir aus der Molke nur ein paar Teelöffel Ricotta gewinnen. Wie viele Kleinproduzenten fügen wir der Molke also Milch hinzu, damit sich die Ausbeute vergrößert. Unsere Version aus Vollmilch und Sahne kann es jederzeit mit dem traditionellen Molke-Ricotta aufnehmen. Zudem verwenden wir die etwas süßeren Meyer-Zitronen als Säurelieferant. Sie verleihen dem Käse eine leicht süßliche Note, die alle verwundert zurücklässt.

Der Ricotta eignet sich aufgrund seines Geschmacks und seiner zarten Konsistenz vor allem für Süßspeisen (Käsekuchen!) und für das Frühstück. Er passt aber auch gut zu herzhaften Gerichten mit reichhaltigen Saucen. Teilen Sie die Käsemenge in zwei Hälften und experimentieren Sie mit Kräutern, frisch gemahlenem Pfeffer, Nüssen, Trockenfrüchten u.v.m., um den perfekten Snackkäse zu knackigem Gemüse oder Crostini zu kreieren.

WIE EINFACH IST ES?

Level:
Einfach Einfacher Am einfachsten

Verzehrbereit in:
50 Minuten

Ergibt:
Ca. 350 g

Größte Hürde:
Das langsame Abtropfen des Käsebruchs.

Verwendung:
Für süße oder herzhafte Gerichte, die einen milden, halbwegs streichfähigen Käse erfordern, z. B. Cannoli oder Lasagne.

Empfohlene Milch:
1 l Vollmilch + 500 ml Sahne (variabel, siehe Variationen)

Erwähnenswert:
Der Käse ist direkt nach der Herstellung sehr weich und locker; zum schnellen Abkühlen stellen Sie ihn einfach für 15 Minuten in das Gefrierfach.

1 Die Zitronen entsaften. Fruchtfleisch sorgfältig entfernen.

ZUTATEN

- 2 Meyer-Zitronen (60 ml Zitronensaft)
- 1 l Vollmilch (nicht ultrahocherhitzt)
- 500 ml Sahne
- ¼ TL (oder mehr) Salzflocken

PROFI-TIPP:
Die Milch 1 bis 2 Stunden bei Raumtemperatur stehen lassen, dann lässt sie sich anschließend schneller erhitzen.

ZUBEHÖR

- Entsafter
- Kleines Maschensieb
- Kochtopf (2 Liter)
- Lebensmittelthermometer
- Großes Sieb oder Maschensieb
- Feinmaschiges Seihtuch
- Große hitzebeständige Schüssel zum Auffangen der Molke (optional)
- Schüssel (1 Liter)

4 Innerhalb von Sekunden bildet sich erster Käsebruch. Die Temperatur sorgfältig überwachen. Alle paar Minuten umrühren, damit sich auf der Milch keine Haut bildet und die Milch nicht anbrennt (ggf. die Hitze reduzieren).

2 Milch und Sahne in den Topf gießen.

3 Den Zitronensaft hineingeben und vorsichtig umrühren. Bei mittlerer Hitze erwärmen.

5 Sobald sich an den Rändern Blasen bilden und Dampf aufsteigt, die Temperatur mit dem Thermometer prüfen. Die Zieltemperatur liegt bei 88 °C. Dabei bildet sich rasch noch mehr Käsebruch. Die Masse sieht nun aus wie dünner Haferbrei.

6 Das ist die Gerinnungsphase! Die Temperatur ständig kontrollieren und vorsichtig weiterrühren. Bei 88 °C den Herd abschalten.

HABEN SIE GEDULD, DIE SAFTIGKEIT HÄNGT DAVON AB!

7 Den Topf vom Herd nehmen und 10 Minuten stehen lassen. In dieser Zeit setzt der Käsebruch weitere Molke frei.

8 In der Zwischenzeit das große Sieb mit dem Seihtuch auslegen. Optional: Das Sieb zusätzlich über eine Schüssel hängen und die Molke auffangen (siehe S. 31, „Weitere Verwendung der 1-Stunden-Molke"). Ansonsten das Sieb ins saubere Spülbecken stellen.

11 Den Stoff zu einem Bündel zusammennehmen und vorsichtig die restliche Molke herauspressen. Bei diesem cremigen Käse wirkt die Molke milchig (im Vergleich zur Mozzarella-Molke, die fast klar ist).

12 Das Tuch mit dem abgetropften Käse zurück in das Sieb legen und Salz hinzufügen.

9 Den Käsebruch und die Molke in das Sieb gießen.

10 Die Molke ca. 10 Minuten lang abtropfen lassen, bis die Masse die cremige Konsistenz von Kartoffelbrei hat.

13 Nur so lange vorsichtig rühren, bis das Salz aufgenommen wurde. Salz zieht Flüssigkeit heraus, und die Luft trocknet den Käse aus; rührt man zu lange, wird der Käse krümelig statt cremig.

14 So wenig wie möglich rühren, damit der Ricotta wunderbar cremig bleibt.

15 In eine kleine Schale umfüllen. Der Käse ist jetzt verzehrfertig oder kann weiter gekühlt werden, falls er etwas fester werden soll.

HINWEIS: Nach einer Nacht im Kühlschrank wird der Ricotta wie jeder Käse bzw. jedes fetthaltige Lebensmittel deutlich fester. Nach leichtem Rühren wird er wieder streichfähig. Soll er besonders reichhaltig werden, mischen Sie direkt vor dem Servieren einen Schuss Sahne darunter.

VARIATIONEN UND ALTERNATIVEN

- Verwenden Sie eine andere Kuhmilchsorte. Fettarme Milch ergibt z. B. einen weniger cremigen Käse.
- Ersetzen Sie die Sahne durch Milch.
- Verwenden Sie 60 ml handelsüblichen Zitronensaft, Limettensaft oder. Weißweinessig.
- Versetzen Sie den Käse mit Kräutern oder Gewürzen wie frischem oder getrocknetem Oregano, Anissamen, frisch geriebener Muskatnuss oder Zimt. Heben Sie nach dem Abkühlen Schokoladenstückchen unter. (Bei noch warmem Käse würden sie den Ricotta hellbraun färben – sicher lecker, aber optisch fragwürdig.)

SERVIERVORSCHLAG

HEILIGER CANNOLI-DIP!

— Ergibt 4 Portionen —

Zum Dippen von Obst oder Keksen, zum Füllen von Eiswaffeln, und naja, wenn man es ganz genau nehmen will, natürlich auch zum Füllen von Cannoli. So machen Sie mit Ihrem Meyer-Zitronen-Ricotta auf jeder Party Eindruck.

1 EL Honig oder Ahornsirup
Abrieb von 1 Zitrone
1 Schuss Zitronensaft
1 TL Anissamen
30–60 g dunkle Schokoladensplitter
dunkle Schokoladensplitter zum Garnieren
250 g Meyer-Zitronen-Ricotta (gekühlt)
2 EL Pistazien zum Garnieren, gehackt (optional)

Den Honig, die Zitronenschale, den Zitronensaft, die Anissamen und die Schokoladensplitter vorsichtig unter den Ricotta rühren. Anschließend abschmecken. Mit den gehackten Pistazien und weiteren Schokosplittern bestreuen.

Dazu reichen Sie Kekse und reifes Obst (Erdbeeren, Aprikosen und Pflaumen passen hervorragend). Wandeln Sie das Rezept für Knäckebrot mit Knoblauch, buntem Pfeffer und Olivenöl (S. 222) ab, indem Sie Knoblauch, Salz und Pfeffer durch Zucker und Zimt ersetzen.

FROMAGE FACILE

Fromage Facile ist ein cremiger, milder, vielseitiger Käse. Aus dem Französischen übersetzt bedeutet sein Name „einfacher Käse", und das ist er auch. Einfach zu machen, einfach zu verwenden und einfach einer meiner absoluten Lieblinge. Durch die Buttermilch wird er leicht würzig, seine Konsistenz rangiert zwischen Frischkäse und Ricotta. Die Dicklegung vollzieht sich hier sehr schnell und ist dramatisch anzuschauen, deshalb eignet er sich hervorragend als Käse-Projekt für Kinder und zur Verköstigung von Gästen. Der Herstellungsprozess ist sehr entspannt. Ich liebe es, frisches Gartengemüse in Fromage Facile zu dippen. Sie können den Käse aber auch zum Backen verwenden oder aufs Frühstücksbrot streichen. Alternativ bietet er sich – zu einer Rolle geformt und in getrockneten Kräutern gewälzt – als tolles Gastgeschenk bei der nächsten Einladung an.

ZUTATEN

1 l Vollmilch (nicht ultrahocherhitzt)

250 ml handelsübliche Buttermilch

2 EL Zitronensaft

¼ TL (oder mehr) Salzflocken

Kräuter nach Geschmack (optional)

ZUBEHÖR

Mittelgroßes Sieb oder Maschensieb

Feinmaschiges Seihtuch

Große, hitzebeständige Schüssel (zum Auffangen der Molke, optional)Kochtopf (2 Liter)

Lebensmittelthermometer

Großer Rührlöffel

Esslöffel

Teelöffel

Kleine Schale

Backpapier

1 Das Sieb mit dem Seihtuch auslegen. Das Sieb ggf. zusätzlich über eine Schüssel hängen und die Molke auffangen (siehe S. 31, „Weitere Verwendung der 1-Stunden-Molke"). Andernfalls das Sieb in das saubere Spülbecken stellen.

4 Sobald die Milch eine Temperatur von 80 °C erreicht hat, Buttermilch und Zitronensaft hinzufügen und gründlich unterrühren. Die Gerinnung sollte sofort einsetzen

KÄSEBRUCH-ALARM!

2 Die Milch in den Topf gießen und bei mittlerer Hitze auf 80 °C erhitzen.

3 Die Temperatur mit dem Thermometer genau überwachen. Alle paar Minuten umrühren, damit auf der Milch keine Haut entsteht und die Milch nicht anbrennt (ggf. die Hitze reduzieren).

5 Sobald Buttermilch und Zitronensaft vollständig untergerührt wurden, den Topf vom Herd nehmen und 5 Minuten stehen lassen.

6 Nach 5 Minuten sollte eine deutliche Trennung zwischen Käsebruch und Molke sichtbar sein. Die Masse vorsichtig einige Sekunden umrühren, um die Veränderung der Konsistenz zu prüfen. Anschließend in das Sieb gießen.

7 Den Käsebruch abtropfen lassen, bis er wie dicker Haferbrei aussieht. Das dauert nur 1 bis 2 Minuten. Nun das Salz unterrühren.

8 Die Schale mit Backpapier auslegen und mit dem Käse füllen, um ihn in Form zu bringen.

9 Auf den Servierteller stürzen und das Papier abziehen. Der Fromage Facile ist nun fertig!

YUMMY!

VARIATIONEN UND ALTERNATIVEN

- Für einen köstlichen Bagel-Aufstrich heben Sie frische Kräuter, sonnengetrocknete Tomaten (ohne Öl!) oder eingelegte, fein geschnittene Jalapeños unter.
- Rühren Sie Rosinen, getrocknete Aprikosenstückchen oder andere Trockenfrüchte nach Wahl unter.
- Lassen Sie den Käse in einem Glas abkühlen und verschenken Sie ihn.

SERVIERVORSCHLAG

UNGEBACKENES KÄSETÖRTCHEN

— Ergibt 2 Törtchen (Durchmesser: 10 cm) —

Ich liebe die kleinen französischen Törtchen, die mit frischen Früchten bedeckt sind. Dies ist meine einfache Version, die Sie in 5 Minuten selber machen können. Die Süße der Füllung bzw. der Törtchen können Sie nach Bedarf anpassen. Verwenden Sie am besten die Sorten, die gerade reif sind.

- 2 EL Honig oder Ahornsirup
- 250 ml Fromage Facile
- ¼ TL Zimt oder Muskatnuss, frisch gemahlen
- 125 g Mandeln, geröstet und gesalzen
- 60 g Medjoul-Datteln, entsteint
- 250 g Beeren, Melone, Pfirsich und/oder Pflaumen, klein geschnitten
- 1 EL Orangenmarmelade oder Honig zum Abglänzen der Früchte (optional)

FÜLLUNG: Den Fromage Facile mit Honig süßen, dann den Zimt oder die Muskatnuss nach Geschmack unterrühren.

TÖRTCHEN: Die Mandeln mit den Datteln in der Küchenmaschine zerkleinern. Die Mischung sollte krümelig, aber formbar sein. Im Zweifelsfall eine weitere Dattel hinzufügen. Die Mischung für den Boden in 2 Förmchen (Durchmesser: 10 cm) drücken und den Käse gleichmäßig darauf verteilen.

BELAG: Die Törtchen mit den Früchten belegen und nach Geschmack mit Marmelade oder Honig besprenkeln.

Die Törtchen können gleich gegessen oder erst einmal 30 Minuten kalt gestellt werden, damit sie sich leichter schneiden lassen.

FRANZÖSISCHER ZIEGENKUSS

Dieses Rezept ist meine Hommage an den französischen Chèvre mit seinen Kräutern der Provence (aromatische Kräutermischung mit Lavendelblüten). Bei mir wird die Milch bereits beim Erhitzen mit frischen Kräutern versetzt. So hat der Käse zwar das blumige Aroma eines Sommers in Südfrankreich (zumindest stelle ich ihn mir so vor, ich war noch nie dort), ohne dass faserige Kräuterfetzen zwischen den Zähnen hängen bleiben. Um dem französischen Landstil treu zu bleiben, forme ich die kleinen Käseküsschen per Hand – so eignen sie sich ideal für die Käseplatte für zwei.

Selbstverständlich können Sie den Käse ganz nach Ihrem Geschmack anpassen, z. B. mit anderen Kräutern oder gar Trockenfrüchten. Ich bevorzuge zwar kleine Käsehappen, Sie können den Käse aber auch zu einer Rolle formen oder einfach als Aufstrich in ein Gefäß füllen.

WIE EINFACH IST ES?

Level:
Einfach Einfacher Am einfachsten

Verzehrbereit in:
45 Minuten

Ergibt:
Ca. 175 g

Größte Hürde:
Ältere oder minderwertige pasteurisierte Ziegenmilch gerinnt oft schwer.

Verwendung:
Als Füllung für Törtchen und Quiches, als Krümel über geröstetem Gemüse oder Salat oder einfach als Aufstrich.

Empfohlene Milch:
Ca. 2 l Ziegenmilch
+ 250 ml Sahne (aus Kuhmilch)

Erwähnenswert:
Die Käsemasse lässt sich nach dem Abkühlen leicht per Hand formen.

PROFI-TIPP: Die Milch 1 bis 2 Stunden bei Raumtemperatur stehen lassen, dann lässt sie sich anschließend schneller erhitzen.

ZUTATEN

- 2 l Ziegenmilch
- 250 ml Sahne
- 4–6 frische Bio-Kräuterzweige, z. B. Lavendel, Basilikum, Salbei, Thymian und Rosmarin, gewaschen und trocken getupft
- 60 ml Weißweinessig
- 1 TL (oder mehr) Salzflocken

ZUBEHÖR

- Kochtopf (3 Liter)
- Lebensmittelthermometer
- Großer Rührlöffel
- Schaumlöffel oder kleines Maschensieb (optional)
- Großes Sieb oder Maschensieb
- Feinmaschiges Seihtuch
- Große, hitzebeständige Schüssel zum Auffangen der Molke (optional)
- Teelöffel

1 Milch und Sahne in den Topf gießen.

4 Sobald Dampf aufsteigt und sich an den Rändern Schaum bildet, die Temperatur der Milch überprüfen. (Achtung: Die Milch darf nicht aufkochen, sonst wird der Käse zu fest.)

SIND SIE NICHT HÜBSCH?

2 Die Kräuter hinzufügen und alles bei mittlerer Hitze erwärmen.

3 Die Temperatur sorgfältig überwachen. Alle paar Minuten umrühren, damit auf der Milch keine Haut entsteht und die Milch nicht anbrennt (ggf. die Hitze reduzieren).

5 Die Kräuter herausnehmen, kurz bevor die Milch 85 °C erreicht.

6 Sobald die Milch 85 °C erreicht, den Essig hineingeben und 7 Mal rasch umrühren.

7 Die Temperatur so weit wie möglich verringern und 2 Minuten lang alle paar Sekunden vorsichtig umrühren. Der entstehende Käsebruch soll nicht zerstört werden, deshalb nicht zu heftig und nicht ununterbrochen rühren!

8 Nach ca. 1 Minute sollte die Dicklegung einsetzen. Falls das nicht passiert, weitere 2 Minuten erhitzen.

11 Nach 10 Minuten sollte sich deutlich mehr Käsemasse gebildet haben.

12 Den Käsebruch und die Molke durch das Sieb gießen und 10 Minuten abtropfen lassen, bis die Masse die cremige Konsistenz von glattem Kartoffelpüree hat.

9 Den Topf vom Herd nehmen und 10 Minuten stehen lassen.

10 Das Sieb mit dem Seihtuch auslegen. Das Sieb ggf. zusätzlich über eine Schüssel hängen und die Molke auffangen (siehe S. 31, „Weitere Verwendung der 1-Stunden-Molke"). Ansonsten das Sieb einfach ins saubere Spülbecken stellen.

13 Das Salz vorsichtig unterrühren. Es verleiht dem Käse Geschmack und zieht die restliche Molke heraus.

14 Die übrig gebliebene Molke ist milchiger als bei anderen Käsesorten, das ist bei diesem cremigen Ziegenkäse aber völlig normal (siehe S. 31, „Weitere Verwendung der 1-Stunden-Molke").

15 Den Käse nach dem Abkühlen mit den Händen zu kleinen Kugeln formen.

16 Zum Anrichten aus den Kugeln kleine Berge formen und mit den restlichen Kräutern oder mit essbaren Blüten garnieren (siehe S. 206).

VARIATIONEN UND ALTERNATIVEN

- Aromatisieren Sie die Milch mit frischen oder getrockneten Kräutern aller Art. Minze, Schnittlauch, Dill oder Petersilie schmecken köstlich. Mit verschiedenen Kombinationen experimentieren!
- Mischen Sie gehackte Kräuter in den Käsebruch oder bestreuen Sie die fertig geformten Küsschen damit. Lavendelblüten oder winzige Thymianblätter sehen besonders hübsch aus und schmecken köstlich.
- Gestalten Sie jedes Küsschen individuell, z. B. eines mit Honig, eines mit Cranberrys, eines mit Kräutern.
- Lassen Sie die Sahne weg, dann wird der Käse leichter und schmeckt intensiver nach Ziegenmilch. Die Milchmenge muss ggf. entsprechend angepasst werden.

SERVIERVORSCHLAG

GRÜNER SALAT MIT BRUTZELNDEN PFIRSICHEN

— Ergibt 4 Portionen —

Reife, saftige weiße Pfirsiche, Rucola, Butter und Balsamicoessig – lecker! Jede einzelne dieser Zutaten ist auch pur schon sehr köstlich, aber in dieser Kombination sind sie einfach verführerisch. Ihre Gäste werden begeistert sein.

- 2 reife weiße Pfirsiche (alternativ: gelbe Pfirsiche)
- 2 TL hochwertiger Balsamicoessig
- 1 TL Butter (siehe S. 236)
- Ca. 60 g Rucola (oder gemischter grüner Salat)
- 4 Französische Ziegenküsse (siehe S. 49)
- 2 TL Pinienkerne (optional)

Die Pfirsiche halbieren und entsteinen. Die Pfirsichhälften mit Balsamico beträufeln oder bepinseln. Eine gusseiserne Pfanne bzw. eine Grillpfanne erhitzen. Die Butter darin schmelzen, dann die Pfirsiche mit der Schnittfläche nach unten hineinlegen. Nur so lange braten, bis der Balsamico karamellisiert. Die Pfirsiche sollten leicht braun sein, dürfen aber nicht verbrennen! Den Salat auf 4 Teller verteilen, jeweils eine Pfirsichhälfte mit der gebräunten Seite darauflegen. In der Mitte je 1 Ziegenkuss platzieren. Mit etwas Balsamico beträufeln und mit den Pinienkernen bestreuen.

KLASSISCHER HÜTTENKÄSE

Für viele US-Amerikaner ist Hüttenkäse ein fast nostalgischer Imbiss, an den zahlreiche Erinnerungen geknüpft sind. Dennoch sollten Sie ihn nicht einfach als altmodisch abtun, sonst lassen Sie sich seine Vielseitigkeit und Würze entgehen. Die hergestellte Menge ist großzügig bemessen – Sie können ihn also mit frischen Früchten genießen, in Pfannkuchenteig mischen und als Füllung für die Lasagne verwenden.

Sie müssen keineswegs altmodisch sein, um Hüttenkäse zu genießen … Obwohl es durchaus Spaß machen kann, die Stulpen hervorzuholen und ein paar Lieblingssongs aus den 80er Jahren aufzulegen. Sie wissen, dass Sie es wollen.

WIE EINFACH IST ES?

Level:
Einfach   Einfacher   Am einfachsten

Verzehrbereit in:
1 Stunde

Ergibt:
Ca. 700 g

Größte Hürde:
Das zusätzliche Eisbad am Ende.

Verwendung:
In Lasagne und Pfannkuchen, auf Salat, zu Obst oder als Dip.

Empfohlene Milch:
4 l Vollmilch + 300 ml Buttermilch (flexibel, siehe Alternativen)

Erwähnenswert:
Dank der angesäuerten Buttermilch erhält der Hüttenkäse in kurzer Zeit seinen klassischen Geschmack. Man kann auch andere Milchsorten verwenden, allerdings fehlt dann die charakteristische Würze.

ZUTATEN

300 l handelsübliche Buttermilch

¼ pflanzliche Labaustauschtablette

125 ml kaltes Wasser

4 l Vollmilch (nicht ultrahocherhitzt)

Eiswürfel

1 TL (oder mehr) Salzflocken

ZUBEHÖR

Topf (5 Liter)

Großer Schneebesen

Lebensmittelthermometer

Feinmaschiges Seihtuch

Großes Sieb oder Maschensieb

Große, hitzebeständige Schüssel zum Auffangen der Molke (optional)

Großer Rührlöffel

Messer (optional)

Große Schüssel für das Eisbad

Teelöffel

1 60 ml Buttermilch abmessen, den Rest beiseitestellen

4 Die Buttermilch in die Milch rühren und beides bei mittlerer Hitze auf 35 °C erwärmen.

2 Die Labtablette in 125 ml kaltem Wasser auflösen und beiseitestellen.

3 Die Milch in den Topf gießen.

5 Die Lablösung hinzufügen und 20 Mal mit raschen Bewegungen umrühren.

6 Den Topf vom Herd nehmen und die Mischung zugedeckt 15 Minuten stehen lassen.

7 In der Zwischenzeit das Sieb mit einem Seihtuch auslegen und über eine Schüssel stellen, falls Sie die Molke aufheben wollen (siehe S. 21).

zoom:

Idealerweise lässt sich der Käsebruch als Ganzes vom Topfrand lösen.

8 Nach 15 Minuten sollte sich Käsebruch gebildet haben, der die Konsistenz von schnittfestem Joghurt aufweist und sich leicht vom Löffel löst. In Molke schwimmende Käsebruchstücke sind aber auch in Ordnung.

11 Die Stücke ziehen sich beim Erhitzen weiter zusammen und sollten am Ende etwa mandelgroß sein.

12 Größere Käsekörner vom Topfboden abkratzen und zerkleinern, sodass die Masse gleichmäßig erhitzt wird.

9 Die Käsemasse mit einem Löffel oder dem Messer in ca. 2,5 cm große Stücke zerteilen, aber noch nicht umrühren.

10 Den Topf wieder auf den Herd stellen, mittlere Temperatur einstellen und die Masse 1 Minute köcheln. Dann die Temperatur auf 46 °C erhöhen und die Masse dabei sanft umrühren.

13 Sobald die Käsekörner alle die richtige Größe haben, die Temperatur bei 46 °C belassen und die Masse so lange köcheln, bis sie eine rühreiartige Konsistenz hat (ca. 5–15 Minuten).

14 Ein paar Käsestücke herausheben und mit den Fingern sanft drücken. Sie sollen elastisch sein, sich aber nicht sofort zerquetschen lassen. Falls doch, einfach weiter köcheln lassen und alle paar Minuten die Konsistenz erneut prüfen.

15 Sobald die gewünschte Konsistenz erreicht ist, die Hitze abschalten. Wenn Sie mehr Erfahrung gesammelt haben, werden die ersten 14 Schritte nicht so lange dauern.

16 Nun alles durch ein Sieb gießen.

19 Kaltes Wasser mit Eiswürfeln in eine große Schüssel geben.

20 Das Seihtuch mit dem Käsebruch in das eiskalte Wasser tauchen. Durch den Kälteschock ziehen sich die einzelnen Körner weiter zusammen und verkleben nicht mehr miteinander wie beim Ricotta.

17 Die Masse 3–5 Minuten abtropfen lassen.

18 Nun den Käsebruch mit sauberen Händen bis zur gewünschten Körnergröße zerkleinern. Die Körner können so groß wie Mandeln oder so klein wie Sonnenblumenkerne sein. Im nächsten Schritt schrumpfen sie noch weiter.

21 Den Sack mit dem Käsebruch im Eiswasser hin und her schwenken, damit alles gleichmäßig abkühlt. Anschließend das restliche Wasser sorgfältig herauspressen.

22 Den Käse auswickeln und in eine saubere Schale geben.

23 Mit einem Löffel oder den Händen die Käsemasse wieder auflockern, die beim Ausdrücken zusammengepresst wurde. Dann das Salz und die restliche Buttermilch unterheben.

24 Ihr hausgemachter Hüttenkäse kann nun serviert werden.

SIE HABEN EINEN KLASSIKER HERGESTELLT!

VARIATIONEN UND ALTERNATIVEN

- Für feuchteren und cremigeren oder würzigeren Käse ersetzen Sie die Buttermilch bei Schritt 23 durch 125 ml Sahne, Milch oder Joghurt.
- Verwenden Sie statt Vollmilch fettarme oder Magermilch.
- Ersetzen Sie die 60 ml Buttermilch bei Schritt 4 durch 2 EL Zitronensaft.
- Für ein köstliches Dessert mischen Sie Zitronenschale oder frische Früchte unter den Käse. Soll es herzhafter werden, geben Sie frische Kräuter wie Petersilie oder Schnittlauch und etwas mehr Salz dazu.

SERVIERVORSCHLAG

GEGRILLTE ANANAS FÜR ERWACHSENE

— Ergibt 2 Portionen —

Dieses Rezept ist meiner Mutter gewidmet, die, als ich noch ein Kind war, ausgiebig ihrer Vorliebe für raffinierte Obstsalate mit Hüttenkäse von einem mexikanischen Obststand frönte. Diese Stände sind geradezu dem Obst geweihte Schreine: Es gibt Säfte, Smoothies, Fruchteis und Obstsalate in allerlei tropischen Kombinationen! Meine Mutter hatte Glück, dass mir ihre Salate stets zu süß waren. Dies ist nun meine Version – ganz einfach, aber doch etwas Besonderes.

2 Ananasringe
250 g Klassischer Hüttenkäse (S. 57)
2 TL Sonnenblumenkerne
2 TL Korinthen (oder Rosinen)
2 TL Honig

Die Ananas schlachten (das ist einfacher, als es aussieht), d. h., alle nicht essbaren Teile abschneiden. Den Rest in 1 cm dicke Ringe schneiden. Ich mag das Herzstück, aber falls es Ihnen (wie den meisten Menschen) zu faserig ist, einfach Ring für Ring entfernen, damit diese intakt bleiben. Zwei Ringe beiseitelegen, den Rest für später in den Kühlschrank stellen. Die Ringe auf dem heißen Grill bräunen, bis sich ein hübsches Gittermuster bildet. Die Ananas kann auch gebraten werden. Auf jedem Ring die Hälfte des Hüttenkäses verteilen und alles mit Sonnenblumenkernen und Korinthen bestreuen. Zum Schluss mit Honig beträufeln.

CURRY-PANIR

Panir ist ein einfacher Käse, der in der indischen Küche vielfältig Verwendung findet und eine preiswerte, vegetarische Proteinquelle darstellt. Sie haben den Käse bestimmt schon einmal in einem Curry gesehen und sich gefragt, ob das wohl Tofu sei. War es nicht; aber Panir verhält sich ziemlich ähnlich. Er schmilzt nicht und nimmt den Geschmack von allem an, worin man ihn gart, was ihn zu einer idealen Einlage von Currys, Eintöpfen und Pfannengerichten macht. Panir und Curry passen perfekt zusammen – warum also nicht gleich Curry-Panir daraus machen? Bei diesem Rezept wird die Milch von Anfang an mit Currypulver gekocht. Natürlich können Sie das Gewürz auch weglassen und einfachen Panir herstellen; wie Sie anhand des Serviervorschlags sehen werden, ist diese Sorte etwas Besonderes, wenn man sie brät.

Ich verwende Limettensaft aus der Flasche, weil er weniger schnell verdirbt. Sie können natürlich auch frischen Saft verwenden bzw. eine der anderen Säuren, die wir besprochen haben. Panir kann man entweder ganz aus Ziegenmilch oder zu gleichen Teilen aus Ziegenmilch und Kuhmilch herstellen. Er ist die Art Käse, dessen Zutaten Sie wahrscheinlich immer vorrätig haben werden. Die praktische Antwort auf die Frage: „Was gibt's zum Abendessen?"

WIE EINFACH IST ES?

Level:
Einfach   Einfacher   Am einfachsten

Verzehrbereit in:
1 Stunde

Ergibt:
Ca. 500 g

Größte Hürde:
Die hohe Temperatur verlangt nach ständiger Aufmerksamkeit, damit die Milch nicht anbrennt.

Verwendung:
In Eintöpfen, Curry, Salaten und Pfannengerichten sowie als Proteinquelle anstelle von Tofu oder Hühnchen.

Empfohlene Milch:
4 l Vollmilch (variabel, siehe Alternativen)

Erwähnenswert:
Das Rezept lässt sich für kleinere Mengen sehr gut teilen.

ZUTATEN

125 ml Limettensaft (+ 2 EL zur Anpassung des Säuregehalts)

4 l Vollmilch (nicht ultrahocherhitzt)

2 EL Currypulver

2 EL (oder mehr) Salzflocken

ZUBEHÖR

Esslöffel

Großes Sieb oder Maschensieb

Feinmaschiges Seihtuch

Große, hitzebeständige Schüssel zum Auffangen der Molke (optional)Kochtopf (5 Liter)

Großer Schneebesen

Lebensmittelthermometer

Großer Rührlöffel

Kleiner flacher Teller

Gewicht als Käsepresse (z. B. mit Wasser gefüllter Topf oder Kanister)

PROFI-TIPP:
Die Milch 1 bis 2 Stunden bei Raumtemperatur stehen lassen, dann lässt sie sich anschließend schneller erhitzen.

1 Den Limettensaft (+ 2 EL extra) abmessen und bereitstellen.

4 Fügen Sie das Currypulver hinzu und rühren Sie sorgfältig um. STRUDELARTIG

2 Das Sieb mit dem Seihtuch auslegen und eventuell zusätzlich über eine Schüssel hängen, um die Molke aufzufangen (siehe S. 31, „Weitere Verwendung der 1-Stunden-Molke"). Ansonsten das Sieb ins saubere Spülbecken stellen.

3 Die Milch in den Topf gießen.

5 Die Milch bei mittlerer Hitze auf 93 °C erhitzen. Die Temperatur sorgfältig überwachen. Alle paar Minuten umrühren, damit auf der Milch keine Haut entsteht und sie nicht anbrennt (ggf. die Hitze reduzieren).

6 Auf Dampf und Schaumbildung achten. (Hinweis: Seien Sie sehr aufmerksam, weil der Siedepunkt fast erreicht ist.) Sobald die Milch 93 °C erreicht, den Limettensaft hinzugeben und gut umrühren.

7 Die Gerinnung sollte sofort einsetzen. Geschieht das nicht, die Temperatur prüfen und löffelweise etwas mehr Limettensaft hinzufügen, bis die Milch deutlich eindickt.

8 Anschließend die Temperatur reduzieren und den Käsebruch 2 Minuten durchrühren. Dadurch ziehen sich die Käsekörner zusammen und setzen Molke frei, wodurch der Käse fester wird.

10 Das Salz hinzugeben und kurz, aber kräftig umrühren. Salz und Luft fördern die Freisetzung von Molke und trocknen die Käsemasse aus. Ist man schnell genug, bleibt eine weiche Masse übrig, die sich gut pressen lässt.

11 Während des Rührens den Salzgehalt anpassen. Soll der Panir mit einer kräftigen Sauce serviert werden, weniger Salz hinzugeben.

9 Die Käsemasse in das Sieb gießen und 3–5 Minuten abtropfen lassen, bis sie an Rührei erinnern. Dabei sanft rühren, damit die Molke freigesetzt wird.

LIMETTENZEIT!

Der Säuregehalt frischer Limetten schwankt von Sorte zu Sorte, ebenso wie beim Limettensaft in Flaschen (einige Marken enthalten mehr Wasser oder sogar Zucker). Versuchen Sie einen möglichst reinen Limettensaft zu besorgen. Sie können aber auch den vorhandenen Saft verwenden – vielleicht benötigen Sie dann etwas mehr als angegeben, bis die Gerinnung einsetzt. Ist die Käsemasse zu sauer? Halten Sie sie beim Ausdrücken der Molke einfach unter kaltes Wasser, das spült etwas Säure heraus.

12 Das Seihtuch zusammennehmen und fest zusammendrehen. Weitere Molke vorsichtig ausdrücken.

13 Den Sack mit dem Käsebruch in das Sieb, welches jetzt als Form dient, drücken und einen kleinen flachen Teller auflegen.

14 Einen ausreichend großen Behälter mit kaltem Wasser füllen und auf den Teller stellen. Den Käse damit mindestens 15 Minuten pressen. Je länger der Käse steht, desto fester wird er am Ende.

15 Den Curry-Panir auswickeln und gleich servieren oder für verschiedene Gerichte weiterverarbeiten. (Wenn man den Panir über Nacht im Kühlschrank aufbewahrt, wird er schön fest, aber 10 Minuten im Gefrierfach reichen auch aus.)

VARIATIONEN UND ALTERNATIVEN

- Verwenden Sie fettarme oder Magermilch. Der Panir wird nicht zu cremig, eignet sich aber hervorragend zum Kochen und bleibt in Currys etc. schön fest.
- Ersetzen Sie den Limettensaft durch Weißweinessig oder Zitronensaft.
- Lassen Sie das Currypulver weg. So wird aus dem Panir eine sehr vielseitig einsetzbare Proteinquelle für süße und herzhafte Gerichte.
- Ersetzen Sie das Currypulver durch Kräuter und/oder Gewürze Ihrer Wahl, z. B. schwarzer Pfeffer, Kurkuma oder Rosmarin.

HINWEIS:
Wenn Sie die Panirwürfel in Ghee oder Kokosnussöl anbraten, bleiben sie in Pfannengerichten, Fajitas, Saucen und Currys schön fest.

SERVIERVORSCHLAG

CURRY-SALAT-WRAPS FÜR EILIGE

— Ergibt 2-4 Wraps für 2 Personen —

Haben Sie im Sommer manchmal so richtig Lust auf Curry, wollen aber nicht so lange am heißen Herd stehen? Dann sind diese Wraps genau richtig. Sie können die Zutaten auch einzeln mit zur Arbeit nehmen und den Wrap erst kurz vor der Mittagspause zusammenstellen – eine leckere Alternative zum gewöhnlichen Pausenbrot.

- **Ca.125 g Panirwürfel**
- **4 EL Ghee (Butterreinfett, siehe S. 240) oder Kokosöl zum Braten**
- **Meersalz (nach Geschmack)**
- **1 Prise Cayennepfeffer (optional)**
- **2 große (oder 4 kleine) Salatblätter, z. B. Romana**
- **4 EL Naturjoghurt**

Die Panirwürfel in einer Pfanne knusprig-goldbraun braten. Anschließend auf ein Küchentuch legen, das das Fett aufsaugt, und mit dem Meersalz (und Cayennepfeffer, wenn Sie es scharf mögen) bestreuen. Die goldbraunen Würfel auf die Salatblätter legen, einen Klecks Joghurt (den Sie auch selbst zubereiten können, siehe S. 243) darübergeben und alles vorsichtig zusammenwickeln.

Alternative: Probieren Sie dazu Tomaten-, Mango- oder Korianderchutney. Oder werden Sie ganz zum Hippie und ziehen Sie mit dem Sparschäler Streifen von Gurken, Karotten, Yambohnen, Rettich, Rote Bete, Äpfeln oder anderen Obst- und Gemüsesorten mit festem Fleisch ab. Dann wälzen Sie sie in Limettensaft und verpacken sie in einem Wrap. Gesund und lecker!

CHIVO FRESCO

Sicherlich ist Ihnen bereits aufgefallen, dass viele Sorten in der Käsetheke die Bezeichnung „chèvre" tragen. Es ist das französische Wort für „Ziege" und bezieht sich auf eine großes Sortiment an Käse aus Ziegenmilch. Auf Spanisch heißt die Ziege „chivo". Queso Fresco („frischer Käse") ist ein milder Kuhmilchkäse, der in mexikanischen Restaurants gern über Tostadas oder Enchiladas gestreut wird. Unser Chivo Fresco ist also eine „frische Ziege" und, wie ich finde, die perfekte Kombination. Man könnte auch sagen, dieser Käse ist ein Kind der Liebe von Chèvre und Queso Fresco.

Falls Sie eigentlich keinen Ziegenkäse mögen, wird diese Version Sie vielleicht überraschen. Einer europäischen Tradition folgend mische ich Kuh- und Ziegenmilch im Verhältnis 1:1, um einen milderen Geschmack zu erzielen und um die Menge zu steigern. Sie könnten aber auch einen gewöhnlicheren Frischkäse aus 100 Prozent Kuhmilch herstellen. Gemäß der Tradition der köstlichen Quesos Enchilados (mit Chili ummantelte Käsesorten) gebe ich hier rote Chiliflocken hinzu. Sie können diese aber weglassen oder etwas Anderes verwenden, z. B. Schnittlauch, Knoblauchpulver oder eine exotische Gewürzmischung.

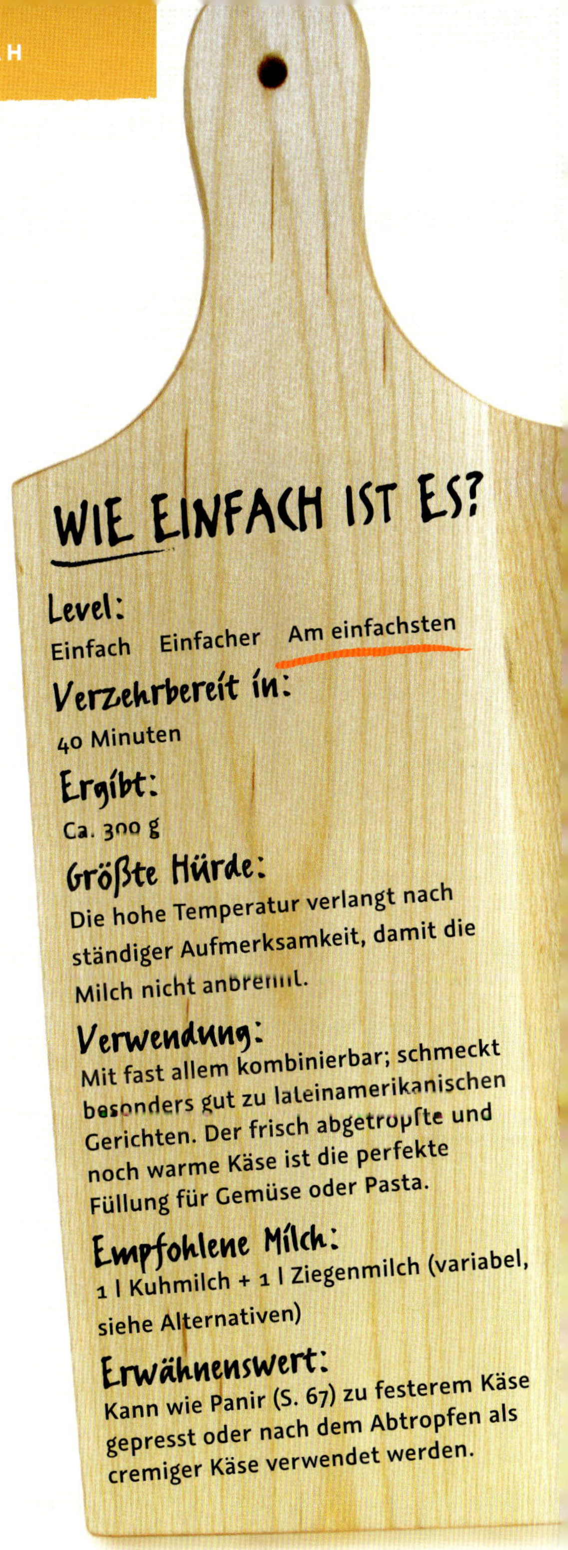

WIE EINFACH IST ES?

Level:
Einfach Einfacher Am einfachsten

Verzehrbereit in:
40 Minuten

Ergibt:
Ca. 300 g

Größte Hürde:
Die hohe Temperatur verlangt nach ständiger Aufmerksamkeit, damit die Milch nicht anbrennt.

Verwendung:
Mit fast allem kombinierbar; schmeckt besonders gut zu lateinamerikanischen Gerichten. Der frisch abgetropfte und noch warme Käse ist die perfekte Füllung für Gemüse oder Pasta.

Empfohlene Milch:
1 l Kuhmilch + 1 l Ziegenmilch (variabel, siehe Alternativen)

Erwähnenswert:
Kann wie Panir (S. 67) zu festerem Käse gepresst oder nach dem Abtropfen als cremiger Käse verwendet werden.

ZUTATEN

- 1 l Vollmilch (nicht ultrahocherhitzt)
- 1 l Ziegenmilch
- 60 ml Apfelessig
- 1 TL (oder mehr) Salzflocken
- 1 TL (oder mehr) Chiliflocken

ZUBEHÖR

- Großes Sieb oder Maschensieb
- Feinmaschiges Seihtuch
- Große, hitzebeständige Schüssel zum Auffangen der Molke (optional)
- Topf (3 Liter)
- Lebensmittelthermometer
- Großer Rührlöffel
- Teelöffel
- Runde Käseform nach Wahl (optional)
- Mit Wasser gefüllter Behälter (ca. 500 ml) als Käsepresse

1 Das Sieb mit dem Seihtuch auslegen und eventuell zusätzlich über eine Schüssel hängen, um die Molke aufzufangen (siehe S. 31, „Weitere Verwendung der 1-Stunden-Molke"). Ansonsten das Sieb ins saubere Spülbecken stellen.

4 Sobald die Temperatur 93 °C erreicht, den Essig hinzufügen und kräftig umrühren.

2 Beide Milchsorten in den Topf gießen und bei mittlerer Hitze auf 93 °C erhitzen.

3 Die Temperatur mit dem Thermometer genau überwachen. Alle paar Minuten umrühren, damit sich auf der Milch keine Haut bildet und die Milch nicht anbrennt (ggf. die Hitze reduzieren).

5 Die Gerinnung sollte innerhalb von Sekunden einsetzen.

6 Den Topf vom Herd nehmen und die Masse vorsichtig 1 Minute lang rühren, ohne die Käsebruchstücke weiter zu zerkleinern. Sie sollen sich nur im Topf bewegen, während sie schrumpfen und Molke abgeben.

7 Die Masse in das Sieb gießen und 2-5 Minuten abtropfen lassen. Dabei vorsichtig rühren, um die restliche Molke freizusetzen, bis der Käsebruch festem Haferbrei ähnelt.

8 Salz- und Chiliflocken unterheben (entweder noch im Sieb oder in einer Schüssel).

11 ... wie hier gezeigt in eine beliebige Form (siehe S. 10) gedrückt werden. Ich verwende z. B. ein Ricotta-Körbchen aus Kunststoff.

12 Alles gut andrücken und das Tuch darüber sauber zusammenfalten.

9 Gründlich rühren, damit die Masse weiter abkühlt und mehr Flüssigkeit entweicht. Salz und Luft fördern die Freisetzung der Molke. Ist man schnell genug, bleibt eine weiche Masse übrig, die sich gut pressen lässt. Soll der Käse lieber trocken und krümelig sein, nach Belieben weiterrühren.

10 Die Ecken des Seihtuches so zusammennehmen, dass ein festes Bündel entsteht. Der Käse kann direkt im Sieb gepresst werden (wie beim Curry-Panir) oder ...

13 Das Gefäß mit 500 ml kaltem Wasser füllen, auf die Form stellen und 15 Minuten stehen lassen. Das presst die restliche Molke heraus.

14 Das Gewicht herunternehmen und den köstlichen Käse auswickeln

15 Der Chivo Fresco kann jetzt serviert werden, z. B. über Tacos gestreut, zu Gurkenscheiben oder Tortilla-Chips. Je länger der Käse gekühlt wird, desto besser lässt er sich schneiden.

VARIATIONEN UND ALTERNATIVEN

- Lassen Sie die Chiliflocken weg oder ersetzen Sie sie durch frische/getrocknete Kräuter, zerstoßene Pfefferkörner oder fein gehackten, gerösteten Knoblauch.
- Geräuchertes Salz (anstatt üblichem Haushaltssalz) verleiht dem Käse eine interessante Note.
- Verwenden Sie entweder ausschließlich Kuh- oder Ziegenmilch. Bei 100 Prozent Ziegenmilch müssen Sie das Seihtuch doppelt nehmen, da die dabei entstehenden Käsekörner sehr klein sind.
- Sobald er kalt und fest ist, können Sie den Käse wie den Curry-Panir (S. 67) schneiden und braten.
- Beenden Sie das Käsen nach Schritt 9 und verwenden Sie ihn in Krümelform.

SERVIERVORSCHLAG

Mexikanisches Bánh Mì (Torta!)

— Ergibt 2 Brötchen, für 2 Personen —

Als ich das erste Mal Bánh Mì (eine Art vietnamesisches Sandwich) probierte, verfiel ich sofort der vertrauten und doch exotischen Kombination. Mit den mexikanischen Tortas – mit frischem Koriander und Chilis – bin ich aufgewachsen; Bánh Mì sind ganz ähnlich, haben aber doch ihre köstlichen Eigenheiten. Dieser Serviervorschlag verbindet das Beste aus beiden Welten, und das Ergebnis ist großartig. Mein Lebensgefährte Jeff würde jetzt sagen, dass mir doch schon der Arm wehtun müsse – so oft, wie ich mir selbst auf die Schulter klopfe!

2 Baguettebrötchen
2 TL Mayonnaise
Ca. 60 g Chivo Fresco, zerkrümelt
½ Avocado, in Scheiben geschnitten
8 Jalapeño (frisch oder eingelegt), gehackt
½ grüne Gurke, in dünne Streifen geschnitten
8 Zweige frischer Koriander

Die Baguettes* aufschneiden, mit Mayonnaise bestreichen und mit Chivo Fresco, Avocadoscheiben, Jalapeños, Gurkenstreifen und Koriander belegen.

Damit das Ganze noch herzhafter wird, gebratenes Hühnchen, Tempeh, gebratenen Speck oder Thunfischsalat dazugeben.

**Sie essen kein Weizenmehl? Dann braten Sie eine Maistortilla in Kokosöl und legen Sie die Zutaten einfach darauf, als eine Art aufgetürmte Tostada (kein Multikulti-Namenswortspiel erforderlich).*

GEBRATENER HONIGKÄSE

Meine Inspiration für dieses Rezept ist Leipäjuusto, ein finnischer Käse, auch als „Brotkäse" bekannt. Der Käse wird gerne in Kaffee getaucht oder wie Toast zum Frühstück gegessen. Diese Idee konnte ich mir natürlich nicht entgehen lassen.

Ich verleihe meiner Version eine köstliche Kardamom-Note, was wiederum nicht finnischen Ursprungs ist, sondern an Ras Malai angelehnt, einer indischen Köstlichkeit, die aus mit Kardamomsirup aromatisiertem Panir besteht. Gerade an kalten Tagen sorgt das für eine wunderbar wärmende Würze.

Abgekühlt oder leicht angebraten schmeckt dieser Käse wie gebutterter Toast; warm und frisch zubereitet schmeckt der Honigkäse dagegen wie Käsekuchen mit Ricotta und mit frischen Beeren belegt ergibt er ein sagenhaftes Dessert. Oder Sie machen es wie die Finnen und lassen ihn einfach in Ihrem Kaffee schwimmen.

WIE EINFACH IST ES?

Level:
Einfach Einfacher Am einfachsten

Verzehrbereit in:
1 Stunde

Ergibt:
Ca. 175 g

Größte Hürde:
Das Braten – noch mehr schmutziges Geschirr!

Verwendung:
Als Toast, als Käsekuchen oder als „Tortenboden" bei Obstkuchen.

Empfohlene Milch:
2 l Vollmilch (variabel, siehe Alternativen)

Erwähnenswert:
Sie können den Käse direkt vor dem Servieren braten (oder eben nicht). Durch das Abkühlen wird er fest wie Panir (S. 67), schmeckt aber süß.

ZUTATEN

1 Zimtstange

10 Kardamomkapseln

2 l Vollmilch

60 ml Apfelessig

¼ TL (oder mehr) Salzflocken

2 EL Honig

3 EL Butter

ZUBEHÖR

Mörser und Stößel

Etwas Baumwollschnur

1 kleines Baumwolltuch (10 x 10 cm) oder ein Kaffeefilter

Großes Sieb oder Maschensieb

Feinmaschiges Seihtuch

Große, hitzebeständige Schüssel zum Auffangen der Molke (optional)

Topf (3 Liter)

Großer Rührlöffel

Lebensmittelthermometer

Teelöffel

Mittelgroße Schüssel zum Mischen des Käsebruchs

Esslöffel

Gusseiserne Pfanne/hitzebeständige Auflaufform (20 cm)

Kleine hitzebeständige Schale

Teil 1: Herstellung der Grundmasse

HINWEIS: Dieser Käse ist bereits nach Teil 1 verzehrfertig. Man kann ihn aber kalt stellen, bis man bereit ist für Teil 2. Mit etwas Übung dauern beide Zubereitungsphasen weniger als 1 Stunde.

1 Zimt und Kardamom in einem Mörser zerstoßen, damit sie ihre Aromastoffe und Öle freisetzen.

4 Die Milch in den Topf gießen.

2 Die Gewürze in das kleine Seihtuch (oder den Filter) geben, zubinden und beiseitelegen.

3 Das Sieb mit dem Seihtuch auslegen und eventuell zusätzlich über eine Schüssel hängen, um die Molke aufzufangen (siehe S. 31, „Weitere Verwendung der 1-Stunden-Molke"). Ansonsten das Sieb ins saubere Spülbecken stellen.

5 Das Gewürzbündel in die Milch hängen und alles bei mittlerer Hitze auf 93 °C erhitzen.

6 Die Temperatur mit dem Thermometer sorgfältig überwachen. Alle paar Minuten umrühren, damit sich auf der Milch keine Haut bildet und die Milch nicht anbrennt (ggf. die Hitze reduzieren).

7 Auf Dampf und Schaumbildung am Rand achten. Die Milch darf nicht aufkochen. Sobald sie sich der Zieltemperatur nähert, das Gewürzbündel herausnehmen.

8 Prüfen, dass die Milch tatsächlich 93 °C erreicht hat

11 Den Topf vom Herd nehmen und die Käsemasse in das Sieb gießen.

12 Das Ganze 3–5 Minuten abtropfen lassen, bis die Konsistenz der von Popcorn ähnelt. Dabei kann leicht gerührt werden, um noch mehr Molke freizusetzen.

SIEHT'S BEI IHNEN ANDERS AUS? MEHR APFELESSIG HINZUFÜGEN!

9 Den Apfelessig hinzufügen und unterrühren. Die Gerinnung sollte innerhalb von Sekunden einsetzen. (Falls das nicht geschieht, noch einen Esslöffel Apfelessig hineingeben, denn manche Sorten sind weniger säurehaltig.)

10 Die Temperatur reduzieren und den Käsebruch 2 Minuten sanft rühren, dabei aber nicht weiter zerkleinern. So wird weitere Molke freigesetzt, was den Käse fester macht.

13 Das Salz zügig, aber gründlich unterrühren.

14 Das Seihtuch fest zusammennehmen und die restliche Molke herausdrücken.

15 Den Käsebruch auswickeln und in die mittelgroße Schüssel geben. 1 EL Honig unterrühren. (Achtung: Honig gibt es in vielen verschiedenen Farb- und Geschmacksnuancen. Jede verleiht dem Käse eine eigene Note.)

16 Die Masse mit den Händen kneten, bis sie eine teigartige Konsistenz hat. Sie werden merken, wenn es anfängt, zusammenzukleben. Der Käse kann nun warm gegessen (z. B. auf Toast mit Konfitüre) oder aufbewahrt werden.

3 Nun den Käse mit einem Löffel in der Pfanne verteilen und andrücken.

4 Die restliche Butter-Honig-Mischung darübergießen. Ein Großteil wird beim Erhitzen in den Käse einziehen.

Teil 2: Grillkäse backen

1 Die Butter mit dem restlichen Honig in der Pfanne schmelzen (etwa 1 Minute).

2 Die Mischung in die kleine Schale gießen; die Pfanne nicht auswischen!.

5 5. Nun den Käse braten, mit einem Flambierbrenner bräunen oder bei 220 °C ca. 15 Minuten backen, bis die Oberseite goldbraun ist und die Butter-Honig-Mischung absorbiert wurde. Den Käse in der Pfanne abkühlen lassen.

6 Anschließend den Käse aus der Pfanne auf die Arbeitsfläche stülpen (mit der Oberseite nach unten). Der Boden sollte ebenfalls leicht gebräunt sein. (Ausnahme: Bei Verwendung eines Flambierbrenners wird die Unterseite natürlich nicht braun.)

7 Den abgekühlten Käse schneiden und nach Geschmack weiterverwenden, z. B. zum Kaffee.

VARIATIONEN UND ALTERNATIVEN

- Ersetzen Sie den Kardamom durch Zimt und den Honig durch Ahornsirup – so entsteht eine „Arme-Ritter"-Version.
- Experimentieren Sie mit anderen Gewürzen, z. B. Nelken, Sternanis oder Muskatnuss.
- Schneiden Sie die Trockenfrüchte (z. B. Aprikosen, Rosinen, Äpfel) in kleine Stücke und heben Sie sie vor dem Braten unter den Käse.
- Verwenden Sie fettarme oder Magermilch. Der Käse wird dadurch zwar sehr fest, eignet sich dadurch allerdings sehr gut als Boden für Obstkuchen.
- Verwenden Sie anstelle der Pfanne kleine Auflaufförmchen und bereiten Sie Einzelportionen zu – perfekt als Obsttörtchen mit Beeren.
- Formen Sie aus der Käsemasse kleine Pfannkuchen und braten Sie diese in Butter. Stapeln Sie die Pfannkuchen, solange sie warm sind, und beträufeln Sie sie mit Honig.

SERVIERVORSCHLAG

SCHOKOLADEN-KÄSEKUCHEN MIT ERDBEEREN

— Ergibt 4 Portionen —

Jeder kennt und liebt mit Schokolade überzogene Erdbeeren. Aber wie wäre es mit Erdbeeren auf Schokolade? Auf einem Käsekuchen? Das übertrifft alles!

60 g dunkle Schokolade
1 Pfanne (oder drei Törtchen) gebratener Honigkäse
5–8 reife Erdbeeren, halbiert

Die Schokolade mit einer Käsereibe raspeln und bei Schritt 6 von Teil 2 über den Käse streuen. Falls kalter Käse verwendet wird, die Schokolade schmelzen und darüber träufeln. Die Erdbeerscheiben in die geschmolzene Schokolade tunken. Sofort servieren oder – noch besser – 15 Minuten in das Gefrierfach stellen, bis die Schokolade fest geworden ist. Dazu starken heißen Kaffee bzw. Eiskaffee reichen.

HALLOUMI? HALLO, DU!

Halloumi taucht heutzutage in immer mehr Supermärkten auf, oft unter der neumodischen Bezeichnung „Grillkäse". Einerseits ist es zwar schade, dass wir den traditionellen Namen ausgetauscht haben, andererseits ist es natürlich toll, wenn damit einhergehend immer mehr Menschen der vermeintlich neuen Leckerei eine Chance geben. Halloumi eignet sich tatsächlich ideal zum Grillen, Braten oder Backen, da er nicht schmilzt. Mit seiner festen, salzigen Konsistenz passt er hervorragend zu frischem Sommergemüse. Lassen Sie nach Bedarf den Oregano weg und stellen Sie puren Halloumi her, verwenden Sie die traditionelle Minze oder andere Kräuter nach Belieben.

Über den Ursprung dieses Käses gibt es viele Diskussionen – mit gleich guten Argumenten von allen Parteien, die seine Wurzeln in Zypern, Griechenland oder dem Libanon sehen. Eins steht fest: Wenn sich so viele Menschen um die Herkunft des Halloumi streiten, sollten Sie ihn besser rasch probieren und selbst herausfinden, warum er solches Aufsehen erregt.

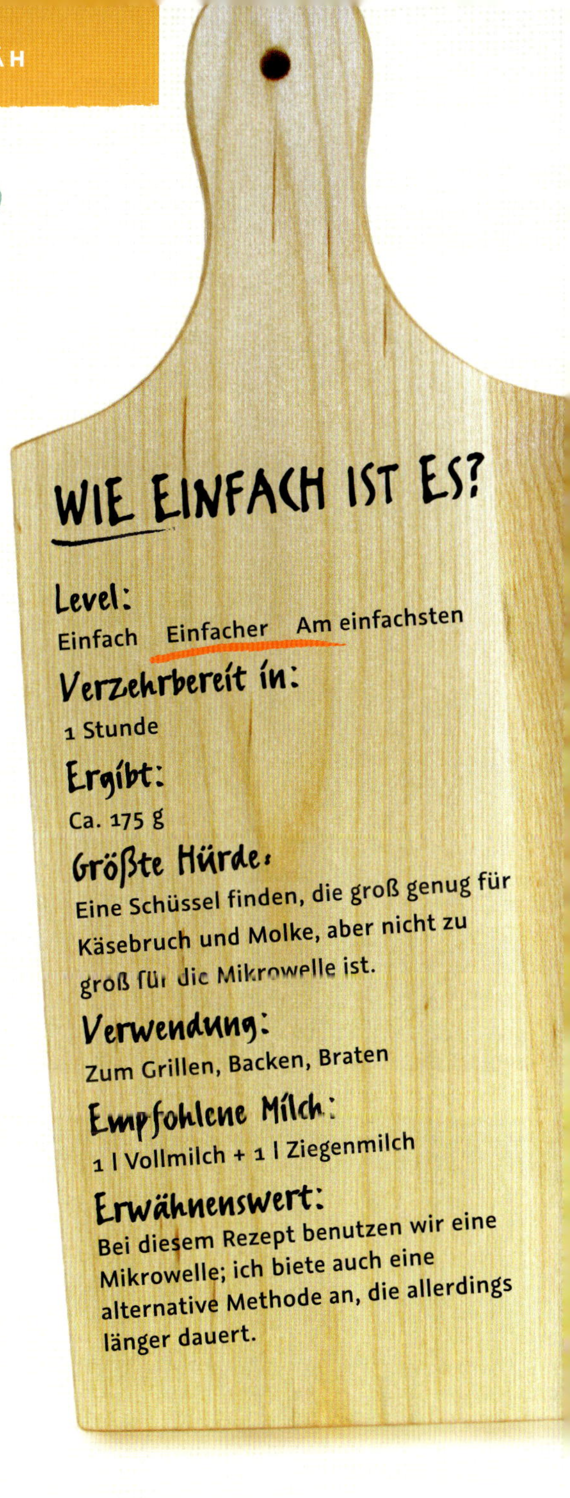

WIE EINFACH IST ES?

Level:
Einfach Einfacher Am einfachsten

Verzehrbereit in:
1 Stunde

Ergibt:
Ca. 175 g

Größte Hürde:
Eine Schüssel finden, die groß genug für Käsebruch und Molke, aber nicht zu groß für die Mikrowelle ist.

Verwendung:
Zum Grillen, Backen, Braten

Empfohlene Milch:
1 l Vollmilch + 1 l Ziegenmilch

Erwähnenswert:
Bei diesem Rezept benutzen wir eine Mikrowelle; ich biete auch eine alternative Methode an, die allerdings länger dauert.

ZUTATEN

- ¼ pflanzliche Labaustauschtablette
- 60 ml Wasser
- 1 l Vollmilch (nicht ultrahocherhitzt)
- 1 l Ziegenmilch
- 2 TL Salzflocken
- 1 TL Oregano (getrocknet)

ZUBEHÖR

- Kochtopf (3 Liter)
- Lebensmittelthermometer
- Großer Schneebesen
- Großer Löffel
- Messer (optional)
- Großes Sieb oder Maschensieb
- Feinmaschiges Seihtuch
- Große, hitzebeständige Schüssel zum Auffangen der Molke (optional)
- Mikrowellenschüssel (3 Liter)
- Teelöffel
- Kleine Kastenform (oder andere Käseform)

1 Die Labtablette in 60 ml Wasser auflösen und beiseitestellen.

4 Die Milch auf 43 °C erhitzen, bis eine Trennung zwischen Bruch und Molke sichtbar wird, wenn man den Löffel in die Masse steckt. Der Käsebruch hat eine joghurtartige Konsistenz, die Molke wird milchig und leicht gelblich sein.

2 Beide Milchsorten in den Topf gießen und bei mittlerer Hitze auf 35 °C erhitzen.

3 Sobald die Temperatur erreicht ist, die Lablösung hinzugeben und 15 Mal mit dem Schneebesen rasch umrühren.

5 Die Hitze reduzieren, um die Temperatur bei 43 °C zu halten. Ein paar Minuten weiter köcheln, falls die Molke noch immer wie Milch aussieht. Mit dem Löffel noch einmal die Separation von Käsebruch und Molke prüfen.

SANFT ZERTEILEN, NICHT QUIRLEN.

6 Sobald sich Käsebruch und Molke in Farbe und Konsistenz deutlich sichtbar von einander unterscheiden, die größeren Bruchkörner mit dem Schneebesen (oder dem Messer) vorsichtig in etwa 1,5 cm große Stücke zerteilen, aber auf gar keinen Fall verquirlen!

7 Den Topf vom Herd nehmen und 15 Minuten ruhen lassen.

8 Das Sieb mit dem Seihtuch auslegen und eventuell zusätzlich über eine Schüssel hängen, um die Molke aufzufangen (siehe S. 31, „Weitere Verwendung der 1-Stunden-Molke“). Ansonsten das Sieb ins saubere Spülbecken stellen.

11 Den Käsebruch auf hoher Stufe 2 Minuten in die Mikrowelle erhitzen. Anschließend 25 Sekunden umrühren. (Dafür brauchen Sie keine Stoppuhr, sondern müssen einfach nur mitzählen: Ein Halloumi, zwei Halloumi, drei Halloumi ...)

Keine Mikrowelle vorhanden?

Kein Problem. Den Topf einfach wieder auf den Herd stellen und den Schritten 10–14 auf S. 107 folgen. Anschließend zum Rezept zurückkehren, ab Schritt 15 auf S. 98.

9 Die Käseklumpen vorsichtig 2 Minuten im Topf bewegen, während sie sich in der warmen Molke weiter zusammenziehen.

ZOOM

Weiche, deutlich ausgebildete Bruchkörner

10 Die Masse in die Mikrowellenschüssel gießen. Die Käsekörner sind nun weich, aber deutlich ausgebildet.

ACHTUNG, HEISS!

12 Den Käsebruch weitere 2 Minuten in den Mikrowellenherd stellen. Dann kräftig durchrühren und die Bruchkörner zum Test sanft drücken. Sie sollten elastisch sein.

13 Noch einmal 1 Minute in den Mikrowellenherd stellen. Anschließend die Käsekörner am Schüsselrand mit dem Löffel ausdrücken, um die restliche Molke zu entfernen.

14 Die Käsekörner können auch mit der Hand auf dem Löffel ausgedrückt werden, falls es nicht zu heiß ist.

15 Die Masse nun in das Sieb schütten und 2–5 Minuten abtropfen lassen.

18 ... und den Oregano hinzufügen. Gründlich vermengen.

19 Das Seihtuch zusammennehmen und zu einem festen Bündel zudrehen.

16 Den Käsebruch in das Sieb drücken, um möglichst viel Molke herauszupressen.

17 Das Salz ...

ERKENNEN SIE EIN MOTTO?
GENAU, MOLKE!

20 Das Käsebündel kräftig ausdrücken, damit die restliche Molke freigesetzt wird.

21 Nun den Käse auswickeln und in die Form geben

22 Mit dem Löffel verteilen und kräftig auf den Boden und in die Ecken drücken.

23 Anschließend im Gefrierfach 5–15 Minuten abkühlen und dann auf einen Servierteller stülpen.

24 Der fertige Käse kann sofort gegessen oder aber gegrillt werden. Wird er nicht sofort benötigt, über Nacht im Kühlschrank aufbewahren; danach lässt er sich noch besser grillen.

VARIATIONEN UND ALTERNATIVEN

- Besteht der Käse zu 100 Prozent aus Kuhmilch, schmeckt er milder.
- Ersetzen Sie den Oregano durch frischen oder getrockneten Thymian, Gewürz-Sumach, Chiliflocken usw. So lässt sich eine große Vielzahl mediterraner Aromen erzielen.
- Geben Sie die Käsemasse in kleine Förmchen (für Einzelportionen zum Grillen oder Braten).

SERVIERVORSCHLAG

GEGRILLTE AUBERGINENRÖLLCHEN

— Ergibt 4 Portionen —

Zur Seite, gefrorene Veggie-Burger! Über diese Köstlichkeiten vom Grill werden sich Ihre vegetarischen Freunde beim nächsten Grillabend sehr freuen. Auch den Allesessern werden die Röllchen schmecken – dabei gäbe es doch nichts Schlimmeres, als wenn sie den Vegetariern vor Begeisterung alles wegessen würden. Als gieriger Omnivore empfehle ich Ihnen deshalb: Machen Sie genug für alle!

4 Auberginenscheiben, längs geschnitten und gegrillt oder gebraten
Olivenöl Extra Vergine
Schwarzer Pfeffer nach Geschmack
4 Scheiben Halloumi (ca. 1,5 cm dick)
8 Minze- oder Basilikumblätter
8 Kirschtomaten, gegrillt oder gebraten
Salz (optional)

Die Auberginenscheiben mit Öl beträufeln, würzen und dann zusammen mit den Halloumischeiben grillen oder braten. Den Grillrost einfetten, damit der Käse nicht festklebt. Halloumi nicht wenden, bevor er schön braun ist.

Eine Auberginenscheibe auf die Arbeitsplatte legen. Darauf (am schmalen Ende) ein Stück Käse, 2 Minze- oder Basilikumblätter und 2 Kirschtomaten legen. Anschließend vorsichtig zusammenrollen, mit Pfeffer bestreuen und mit Olivenöl beträufeln. Das Salz zurückhaltend dosieren, der Käse selbst ist schon recht salzig!

Die Röllchen lassen sich auch gut in einer Lasagneform aufbewahren, falls man sie vorbereiten, aber erst kurz vor dem Servieren braten möchte. Wer keine Aubergine mag, kann die Zutaten auch in Zucchini einwickeln oder sie stapeln (falls die Aubergine/Zucchini zu klein ist).

SMOKY CHEATER

Dieses rauchige Käserad ist mein Versuch, in einer Stunde Cheddar herzustellen. Unmöglich, ich weiß, aber ich musste es einfach versuchen! Manche nennen mich einen Overachiever. Ich sage: Ich bin einfach neugierig und optimistisch. Natürlich ist mir klar, dass man beim kunstvollen Reifungsprozess nur bis zu einem bestimmten Punkt schummeln kann. Dafür habe ich aber ganz nebenbei einen köstlichen, herzhaften Imbiss entdeckt.

Seine goldene Farbe verdankt dieser Käse den Gewürzen Kurkuma und Paprika, und seinen köstlich-herzhaften Geschmack der Verwendung von Paprikapulver mit Raucharoma und Räuchersalz. Das Endergebnis entsprach zwar gar nicht dem, was ich im Sinn hatte, dennoch ließ ich das Rezept im Buch, weil es auf seine eigene Art großartig ist. Der Herstellungsprozess erinnert an Halloumi, d. h., der Käse kann gebraten oder gegrillt werden. Dabei schmilzt er im Inneren nur ganz leicht und entwickelt außen eine köstliche braune Kruste.

Brät man ihn in etwas Butter, Ghee oder ganz ohne Fett in einer beschichteten Pfanne, braucht man nicht einmal Brot – servieren Sie stattdessen Cornichons und knackiges Gemüse als Beilage. Wer jedoch erwartet, nach 1 Stunde einen echten Cheddar vor sich zu haben, muss wohl oder übel zur Käsetheke fahren. Allen anderen: Genießen Sie diesen Schwindler!

ZUTATEN

- ½ TL Kurkuma
- 2 TL Paprikapulver mit Raucharoma
- 1½ TL Räuchersalz
- 1 TL Salzflocken
- ½ pflanzliche Labaustauschtablette
- 125 ml Wasser
- 4 l Vollmilch (nicht ultrahocherhitzt)
- 3 EL Apfelessig

ZUBEHÖR

- Teelöffel
- 2 kleine Schüsseln
- Großes Sieb oder Maschensieb
- Feinmaschiges Seihtuch
- Große, hitzebeständige Schüssel zum Auffangen der Molke (optional)
- Topf (5 LIter)
- Großer Schneebesen
- Esslöffel
- Lebensmittelthermometer
- Großer Rührlöffel
- Kleine runde Springform (oder eine andere Käseform)
- Großes Gefäß zum Käsepressen (optional)
- Kleiner Teller zum Käsepressen (optional)

1 Kurkuma und Paprika in einer kleinen Schüssel mischen.

4 Das Sieb mit dem Seihtuch auslegen und eventuell zusätzlich über eine Schüssel hängen, um die Molke aufzufangen (siehe S. 31, „Weitere Verwendung der 1-Stunden-Molke"). Ansonsten das Sieb ins saubere Spülbecken stellen.

2 Räuchersalz und Salzflocken in der zweiten Schüssel mischen.

3 Die Labtablette in 60 ml Wasser auflösen und beiseitestellen.

5 Die Milch in den Topf gießen und den Apfelessig unterrühren.

6 Die Gewürze hinzufügen, mit dem Schneebesen unterrühren und alles bei mittlerer Hitze auf 35 °C erhitzen.

WAS FÜR COOLE SPIRALEN!

7 Die Lablösung dazugeben und mit 20 raschen Schwüngen unterrühren. Anschließend auf knapp 41 °C erhitzen.

zoom

Es kann sein, dass statt einer kompakten Masse Käsestücke in der Molke schwimmen. Das ist auch in Ordnung.

8 Während sich die Milch auf 41 °C erhitzt, beginnt die Dicklegung. Sobald man leicht darauf drückt, löst sich die Masse vom Topfrand, und man sieht eine deutliche Trennung zwischen Käsebruch und Molke.

11 Sobald die Temperatur 49 °C erreicht, die Hitze reduzieren. Die Temperatur konstant halten und dabei mit dem Löffel die Käsestücke am Topfrand ausdrücken.

12 Einige Bruchkörner mit dem Löffel herausfischen und mit den Fingern die Konsistenz prüfen.

9 Den Käsebruch nun mit dem Schneebesen oder einem Löffel gründlich, aber vorsichtig zerteilen, nicht verquirlen. Die Stücke sollen etwa 2,5 cm groß sein. Die Masse auf 46 °C erhitzen und 2 Minuten köcheln.

10 Die vorher joghurtähnliche Konsistenz der Käsekörner ähnelt nun der von festem Rührei. Weiter erhitzen auf 49 °C und dabei die Stücke kontinuierlich in der heißen Molke bewegen.

13 Nachdem alle Käsekörner am Topfrand ausgedrückt wurden, den Topf vom Herd nehmen und 5 Minuten stehen lassen, bis die Bruchkörner aneinanderhaften, wenn man sie zusammendrückt.

14 Falls der Käsebruch noch nicht zusammenklebt, weitere 5-10 Minuten stehen lassen. Alle paar Minuten umrühren, damit weitere Molke freigesetzt wird.

15 Die Masse aus Bruch und Molke in das Sieb gießen.

16 3 Minuten abtropfen lassen, bis der Käse fast trocken ist, dann mit den Händen die restliche Molke vorsichtig herausdrücken.

19 Das Seihtuch fest zusammennehmen und so viel Molke wie möglich herauspressen.

20 Das Tuch mit dem Käse in die gewählte Form drücken. Je nach Größe der Form bleibt eventuell Käsemasse übrig – in diesem Fall lieber 2 kleinere Käse herstellen.

BEIM KÄSEMACHEN NENNT MAN DIESEN SCHRITT „MAHLEN".

17 Die Käsemasse mit den Fingern zerpflücken, bis sie wie Popcorn aussieht.

18 Das Salz hinzufügen und alles sehr gründlich mischen.

21 Falls nur wenig Käse übersteht, alles ganz fest in die Form pressen, sodass es hineinpasst und eine gleichmäßige Konsistenz entsteht.

SIEHE DA – EIN GOLDENES RAD!

22 Die Form für 5 Minuten in das Gefrierfach stellen. In dieser Zeit sollte das Käserad hinreichend aushärten. Falls nicht, ist der Käsebruch vielleicht etwas zu trocken.

23 In diesem Fall den Pressvorgang wiederholen. Den Käse wieder einwickeln, in eine Form legen und den Teller daraufstellen. Den Teller mit einem Gewicht beschweren (z. B. ein mit Wasser gefülltes Gefäß). Den Käse nach 10 Minuten für weitere 5 Minuten in das Gefrierfach legen.

24 Den fertigen Käse auswickeln und aufschneiden. Guten Appetit! Der frische Käse schmeckt schon sehr lecker (verwenden Sie ihn wie den Chivo Fresco auf S. 75), aber so richtig köstlich wird er erst, wenn man ihn in Butter brät.

VARIATIONEN UND ALTERNATIVEN

- Fettarme Milch verleiht dem Käse eine festere Konsistenz, Ziegenmilch eine sehr würzige Note. (Achtung: Ertrag und Cremigkeit werden durch diese Milchsorten reduziert.)
- Lassen Sie die Gewürze und das Räuchersalz weg und verwenden Sie stattdessen 3 EL Salzflocken. So wird daraus ein „falscher Feta".
- Experimentieren Sie mit eigenen Kräutern und Gewürzen.
- Formen Sie den Käse nicht, sondern verwenden Sie ihn wie eine Art Hüttenkäse, solange er warm ist.

SERVIERVORSCHLAG

MINI-SANDWICHES MIT KÄSE

— Ergibt 4 kleine Sandwiches —

Durch dieses Rezept avancierte der Cheater in unserem Haushalt zu einem echten Favoriten. Falls Sie gern gegrillte Käse-Sandwiches essen, werden Sie dieses Rezept lieben. Es schmeckt sowohl als Snack für zwischendurch als auch als Beilage zu Tomatensuppe. Frisch aus der Pfanne sind die knusprigen Käsestücke auch pur unwiderstehlich, aber erst mit allen Zutaten wird eine richtige Mahlzeit daraus.

¼ Portion Smoky Cheater
2–4 EL Butter (S. 236) oder Ghee (S. 240)
4–6 knackige Salatblätter
Gewürzgurken, in Scheiben geschnitten
Knusprige Speckstücke, Gurkenscheiben und anderes Gemüse nach Wahl (optional)

Den Käse in 8–12 Quadrate schneiden (je 6 x 6 cm). Etwas Butter oder Ghee in der Pfanne schmelzen und die Käsescheiben darin knusprig braun braten. Dabei mit einem Pfannenwender leicht andrücken. Wie Halloumi oder Panir schmilzt auch dieser Käse nicht, sondern wird nur etwas weicher. Mit einem Papiertuch abtupfen und dann mit Salat, Gurke usw. so hoch wie möglich stapeln.

Gebratener Speck passt außerordentlich gut zu dieser Kombination. Gurken sind auch gut, ebenso wie eingelegte Rote Bete, grüne Bohnen oder sogar Spargel.

BIERGETRÄNKTER QUIETSCHKÄSE

Als Kind kannte ich keinen Käsebruch. In San Yisidro, meiner kleinen kalifornischen Heimatstadt an der mexikanischen Grenze, gab es so etwas einfach nicht. Zum ersten Mal kostete ich diese Käsestückchen im Rogue Creamery Cheese Shop, und zwar in einer Jalapeño-Version. Als ich mit dem Käsemachen anfing, fand ich die Bruchkörner eher langweilig, aber ich sollte schnell eines Besseren belehrt werden.

Falls Ihnen das Ganze zunächst seltsam vorkommt, stellen Sie es sich einfach als Snack-Alternative zu Popcorn oder Chips vor. Es macht viel Spaß, die Käsehappen mit verschiedensten Kräutern, Gewürzen und Salzen nach Geschmack aufzupeppen, und es ist toll, wenn ein Käse nicht nur gut schmeckt, sondern auch gut klingt. Diese Happen quietschen besonders schön (Kinder sind davon begeistert), und die Herstellung macht richtig viel Spaß.

Stellen Sie einfach ein paar Chargen her und lassen Sie Ihre Gäste eigene Geschmacksrichtungen kreieren. Schwarzer Pfeffer mit Zitronensalz oder Zucker und Zimt? Warum nicht!

Hinweis: Das Bier-Eisbad ist mein Tribut an biergetränkte Käsesorten, die ich gern mag, und gibt den Happen eine interessante Geschmacksnuance. Soll das Ganze kinderfreundlich sein, ersetzen Sie das Bier einfach durch Wasser.

WIE EINFACH IST ES?

Level:
Einfach Einfacher Am einfachsten

Verzehrbereit in:
1 Stunde

Ergibt:
Ca. 500 g

Größte Hürde:
Das erneute Erhitzen der Molke für das Molkebad dauert etwas länger.

Verwendung:
Als Snack und Pasta- und Gnocchi-Ersatz

Empfohlene Milch:
4 l fettarme Milch (variabel, siehe Alternativen)

Erwähnenswert:
Beim Eisbad muss es nicht unbedingt Bier sein – Weißwein oder Eiswasser funktionieren auch.

ZUTATEN

½ pflanzliche Labaustauschtablette

125 ml Wasser

4 l fettarme Milch

3 EL Zitronensaft

500 ml kaltes Bier (Ale)

Eiswürfel

1 TL (oder mehr) Salzflocken

1 TL Dill (frisch oder getrocknet)

½ TL weißer Pfeffer

ZUBEHÖR

Großes Sieb oder Maschensieb

Feinmaschiges Seihtuch

Große, hitzebeständige Schüssel zum Auffangen der Molke (optional)

Topf (5 Liter)

Großer Schneebesen

Esslöffel

Lebensmittelthermometer

Messer

Großer Rührlöffel

Großer Schaumlöffel

Große Schüssel für das Eisbad

Papiertücher

Große Schüssel zum Trocknen der Bruchstücke

Teelöffel

1 Die Labtablette in 125 ml Wasser auflösen und beiseitestellen.

4 Die Milch bei mittlerer Hitze auf 95 °C erhitzen.

2 Das Sieb mit dem Seihtuch auslegen und eventuell zusätzlich über eine Schüssel hängen, um die Molke aufzufangen (siehe S. 31, „Weitere Verwendung der 1-Stunden-Molke"). Ansonsten das Sieb ins saubere Spülbecken stellen.

3 Die Milch in den Topf gießen und den Zitronensaft unterrühren.

5 Die Lablösung dazugeben und mit 20 raschen Umdrehungen sorgfältig unterrühren.

6 Die Milch nun auf 43 °C erhitzen, damit das Lab aktiviert wird und die Gerinnung einsetzt.

7 Im Topf sollte sich nun eine joghurtartige Masse befinden. In Molke schwimmende Bruchkörner sind ebenfalls ein Ergebnis der Dicklegung.

8 Die Masse nun mit einem Messer in ca. 2,5 cm große Stücke schneiden. Ist die Milch vollständig eingedickt, das Ganze gitterförmig schneiden.

ZOOM

Keine Sorge, falls die Masse nicht fest wirkt. Solange eine Trennung von Molke und Käsebruch erkennbar ist, ist alles in Ordnung.

11 Die Hitze reduzieren, damit die Temperatur konstant bei 46 °C bleibt. Die Bruchkörner sollten nun die Konsistenz von Rührei haben. Sie sehen jetzt runder aus und zerfallen nicht mehr so leicht, wenn man sie drückt.

12 Den Käsebruch mit dem geschlitzten Löffel herausheben, in das Sieb geben und einige Minuten abtropfen lassen. Die Molke im Topf aufheben.

9 Weiter durch die Masse bis zum Topfboden schneiden.

10 Die Masse langsam auf 46 °C erhitzen und dabei die Bruchkörner vorsichtig in der Molke bewegen. Dabei setzen sie noch mehr Molke frei und schrumpfen.

13 Die Masse mit den Händen fest andrücken und ggf. mehrmals wenden, damit so viel Molke wie möglich herausgepresst wird.

14 Den Käsebruch nun mit den Händen (oder einem Messer) in mundgerechte Stücke zerteilen. Anschließend einige Minuten ruhen lassen, damit Molke austreten kann.

15 Die Molke auf 74 °C erhitzen. Die Käsekörner hineingeben, ohne sie weiter zu zerkleinern, und 5–10 Minuten köcheln. Dabei nur wenig rühren. Die Temperatur soll möglichst konstant bleiben.

16 In der Zwischenzeit das Bier-Eisbad vorbereiten. Dazu das Eis in die Schüssel geben und das Bier darüber gießen, sodass es gleichmäßig gekühlt wird.

19 Eine Schüssel mit Papiertüchern auslegen, die Bruchkörner hineingeben und 2 Minuten abtropfen lassen.

20 Mit Papiertüchern gründlich trocken tupfen.

17 Den Käsebruch nach dem Erhitzen mit einem Schaumlöffel im Bierbad abschrecken.

18 Die Käsestücke sollen vollständig abkühlen. Sie fühlen sich nun sehr elastisch an und quietschen zwischen den Zähnen.

21 Das Papiertuch entfernen.

22 Das Salz ...

23 … sowie den Dill und den Pfeffer.

24 Den Käsebruch mit den Gewürzen panieren, bis alle Stücke gleichmäßig bedeckt sind.

25 Der biergetränkte Quietschkäse ist nun fertig. Trinken Sie dazu ein Bier und sehen Sie sich einen Film an!

VARIATIONEN UND ALTERNATIVEN

- Vollmilch macht die Käsestücke weicher und cremiger, allerdings quietschen sie dann nicht ganz so schön.
- Geben Sie bereits beim Erhitzen der Milch Kräuter und/oder Gewürze dazu. Große Kräuterstücke müssen vor der Zugabe vom Lab entfernt werden, das Ergebnis sieht sonst seltsam aus.
- Experimentieren Sie mit verschiedenen Geschmacksrichtungen. Was mögen Sie z. B. bei Popcorn, Chips oder Nüssen am liebsten? Probieren Sie es einmal aus.

SERVIERVORSCHLAG

QUIETSCHENDE PASTA PRIMAVERA

— Ergibt 2 Portionen —

Verwenden Sie die Quietscher einfach als Pasta-Ersatz! Heute möchten sich schließlich immer mehr Menschen glutenfrei ernähren. Außerdem ist es eine köstliche Alternative zum Nudel-Einerlei. Stellen Sie den Käse für dieses Rezept frisch her oder verwenden Sie die Reste einer Charge.

Ca. 125 g biergetränkter Quietschkäse
1 Tasse Artischockenherzen, schwarze Oliven, gerösteter Knoblauch und rote Paprikaschoten (roh oder gegrillt)
250 ml Tomatensauce (optional)
1 EL Pesto oder Basilikumblätter, zerrupft (optional)
Parmesan nach Geschmack, gerieben (optional)

Die Käsehappen nach Geschmack mit den anderen Zutaten mischen. Kalt essen oder nach Belieben aufwärmen. Wer mag, reicht dazu warme Tomatensauce, Pesto und Parmesankäse.

Die Käsestücke eignen sich auch gut als Gnocchi-Ersatz, wenn man sie mit brauner Butter, Knoblauch und sautierten Champignons serviert.

FRISCH AUS DER KÄSEREI

Einige Rohmilchkäsesorten, die man im Geschäft kaufen kann, verdienen diese Bezeichnung eigentlich nicht, denn sie wurden auf 46 °C erhitzt. Das ist die maximale Temperatur, auf die ein Lebensmittel erhitzt werden darf, um noch als roh eingestuft zu werden. Bei 46 °C sterben jedoch viele der Bakterien und Enzyme ab, die die Rohmilch so aromatisch und nahrhaft machen (mehr darüber auf S. 24). Wenn warme (d. h., der Körpertemperatur der Kuh entsprechend) Rohmilch mit Säure reagiert, erhält man rasch einen zarten Frischkäse wie diesen hier, der uns eindrucksvoll demonstriert, wie einfach die Herstellung von Käse aus Frischmilch ist.

Dieser Käse erhält seine Würze vom Zitronensaft, der auch seine Frische unterstreicht. Er schmilzt recht schnell, und obwohl dabei einige wertvolle Enzyme verloren gehen, ist es doch eine nützliche Eigenschaft. Der Herstellungsprozess dauert nicht lang – in weniger als einer halben Stunde kann man eine ganze Portion herstellen und verspeisen. Ja, ich hab's gesagt: Verspeisen!

WIE EINFACH IST ES?

Level:
Einfach Einfacher Am einfachsten

Verzehrbereit in:
20 Minuten

Ergibt:
Ca. 150 g

Größte Hürde:
Durch die niedrige Temperatur ist der Ertrag eher gering. (Tipp: Lesen Sie auf S. 31 nach, was man aus der entstandenen Molke alles machen kann.)

Verwendung:
Einfach pur essen oder geschmolzen auf Pizza, gebratenem Gemüse oder Enchiladas verzehren.

Empfohlene Milch:
2 l Rohmilch (Kuh)

Erwähnenswert:
Die zusätzlichen 3 TL Zitronensaft benötigen Sie vielleicht gar nicht.

ZUTATEN

2 l Rohmilch
1 TL Salzflocken
125 ml Zitronensaft (+ 3 TL)

ZUBEHÖR

Topf (3 Liter)
Esslöffel
Lebensmittelthermometer
Großer Rührlöffel
Handschuhe (optional)

1 Die Milch in den Topf gießen.

4 125 ml Zitronensaft hinzufügen und sorgfältig unterrühren, während die Milch weiter auf 43 °C erhitzt wird.

2 Das Salz hinzufügen und sorgfältig unterrühren, sodass es sich vollständig auflöst.

3 Die Milch bei niedriger bis mittlerer Hitze auf 41 °C erwärmen.

TIPP: Manche Menschen vermeiden beim Käsen die Verwendung von frischem Zitronensaft, da der Säuregehalt stark schwanken kann. Das stimmt zwar, man kann jedoch von vornherein mehr Saft als nötig auspressen und diesen ggf. nach und nach hinzufügen. Sollte der fertige Käse etwas zu trocken sein, den Säuregehalt beim nächsten Mal entsprechend anpassen.

AFTIGER LECKERBISSEN.

GERINNUNG!

5 Die Milch dickt nun schubweise ein und sollte die Konsistenz von pochiertem Ei annehmen. Setzt die Gerinnung nicht ein, den restlichen Zitronensaft löffelweise hinzugeben. Dabei rühren und zwischen den einzelnen Löffeln jeweils ca. 30 Sekunden warten.

HINWEIS:
Bei empfindlichen Händen Handschuhe tragen oder einen Löffel verwenden.

6 Sobald die Milch eindickt, den Herd abschalten. Darauf achten, dass die Temperatur konstant bleibt, dann mit den Händen im Topf runde Käselaibe mit einem Durchmesser von 8 cm formen.

7 Vorsichtig die restliche Molke aus den kleinen Käselaiben herausdrücken. Leichtes Drücken macht die Laibe zart, drückt man zu fest, zerbricht der Käse rasch.

8 Die Masse sollte für 3 kleine Käselaibe ausreichen. Das ist alles! Ihr köstlicher Frischkäse ist nun verzehrfertig.

VARIATIONEN UND ALTERNATIVEN

- Bestreuen Sie die frisch geformten Käselaibe mit frischen oder getrockneten Kräutern, frisch gemahlenem Pfeffer oder Chiliflocken.
- Bewahren Sie den Käse in einem mit Kräuteröl gefüllten Schraubglas auf.
- Formen Sie aus der Käsemasse einen großen Laib oder zerkrümeln Sie sie.

SERVIERVORSCHLAG

KÄSE-PIZZA-STAPEL

— Ergibt 2 Stapel; für 2 Personen —

Wie geht das denn? In nur 2 Minuten produzieren wir jedermanns Lieblingsimbiss. Probieren Sie es einfach aus und stapeln Sie alles übereinander, was Sie sowohl gern auf Ihrer Pizza als auch roh essen. Natürlich eignet sich dieser zart schmelzende Käse auch dazu, eine Pizza damit zu überbacken.

- **4 Böden: Tomate, in Öl marinierte Aubergine oder Ananas, in Scheiben geschnitten**
- **4 dicke Scheiben „Frisch aus der Käserei" (S.123)**
- **½ Tasse Belag nach Wahl (z. B. frischer Basilikum, Blattspinat, rote Paprikaschote, Oliven und/ oder frische bzw. eingelegte Champignons)**
- **2 EL Sauce: getrocknete Tomaten in Olivenöl, Pesto, Tapenade und/ oder etwas Olivenöl, Salz und/oder Pfeffer**

Mit einer Scheibe Tomate/Aubergine/ Ananas beginnen. Darauf eine Scheibe Käse und etwas Belag legen. Das Ganze wiederholen und zum Schluss mit dem Löffel etwas „Sauce" darübergeben. Mein Lieblingsstapel besteht aus Tomate, Käse, frisch gemahlenem schwarzen Pfeffer, in Ringe geschnittenen Kalamata-Oliven und Basilikum-Pesto. Köstlich!

TRIPLE PEPPER HACK

Der Triple Pepper Hack ist mein Tribut an den Käse namens Monterey Jack, den ich als Kind fast täglich in meinen Quesadillas aß. Damals hielt ich ihn für einen mexikanischen Käse. Er hat seine Wurzeln jedoch in Kalifornien, allerdings gibt es auch eine Verbindung zu spanischen Mönchen. Eine der vielen anschaulichen Definitionen des Wortes „Hack" lautet „unautorisierter Zugriff" – und obwohl der Triple Pepper Hack womöglich eine unautorisierte Kreation ist, werden Sie sehr froh sein, das Rezept zu beherrschen, falls Sie Nachos mögen (und wer tut das nicht?!). Die Herstellung entspricht nicht dem echten Monterey Jack, der bis zu vier Monate reifen muss, aber ich habe einige Standardrezepte gehackt und verschmolzen, sodass Sie nun einen ähnlichen Käse in knapp einer Stunde genießen können. Verpassen Sie dem Rezept Ihre eigene Note, geben Sie mehr scharfe Chilis hinzu oder verwenden Sie gebratene rote und grüne Paprikaschoten!

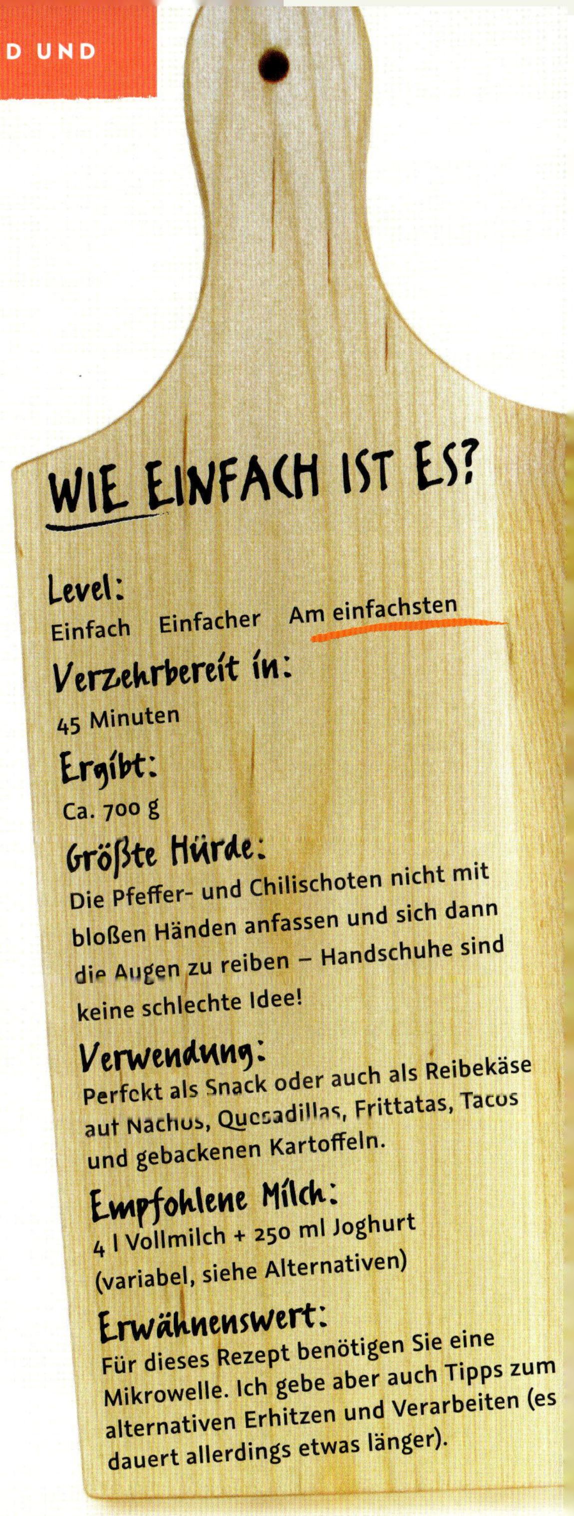

ZUTATEN

- 1½ TL Zitronensäure
- 125 ml + 60 ml Wasser
- ¼ pflanzliche Labaustauschtablette
- 250 ml Joghurt (Fettgehalt nach Wahl)
- 4 l Vollmilch (nicht ultrahocherhitzt)
- 2 EL eingelegte Jalapeños, fein gewürfelt
- 1 EL Chiliflocken
- 1 TL schwarzer Pfeffer, frisch gemahlen
- 2 TL Salzflocken

ZUBEHÖR

- Teelöffel
- Großer Schneebesen (optional)Topf (5 Liter)
- Großer Rührlöffel
- Lebensmittelthermometer
- Großer Schaumlöffel
- (optional)
- Große Mikrowellenschüssel
- Esslöffel
- Einweghandschuhe (optional)
- Kleine Kastenform (oder andere Käseform)
- Back- oder Wachspapier

1 Die Zitronensäure in 125 ml Wasser auflösen und beiseitestellen.

4 Die Milch in den Topf geben und den Joghurt sorgfältig unterrühren.

EIN SCHNEEBESEN HILFT!

2 Die Labtablette in 60 ml Wasser auflösen und beiseitestellen.

3 Den Joghurt kurz durchrühren, damit er sich leichter mit der Milch vermischt.

5 Die Zitronenlösung unterrühren und das Ganze bei mittlerer Hitze auf 32 °C erwärmen.

6 Sobald die Milch 32 °C erreicht, die Lablösung dazugeben und mit 20 raschen Schwüngen sorgfältig unterrühren. Falls später eine Mikrowelle benutzt wird, das Umrühren einstellen und die Milch auf 41 °C erhitzen, andernfalls auf 43 °C.

7 Sobald die Milch 41 °C (oder 43 °C) erreicht, die Hitze reduzieren, damit die Temperatur konstant bleibt. Den Käsebruch mit einem Löffel in ca. 3 cm große Stücke zerteilen und diese vorsichtig in der heißen Molke bewegen.

TIPP: Die Temperatur stets an verschiedenen Stellen im Topf messen, da sie schwanken kann. Milch erreicht die Idealtemperatur rasch, deshalb stets am Herd bleiben. Man erkennt eine deutlich sichtbare Separation von Käsebruch und Molke, größere Bruchkörner oder eine joghurtartige Masse.

KEINE MIKROWELLE VORHANDEN?

Einfach den Instruktionen im Kapitel „Heißes Molkebad" (S. 144) ab Schritt 1 folgen

10 Die Käsemasse bei hoher Stufe (die Standardeinstellung ist meist ausreichend) 1 Minute in der Mikrowelle erhitzen. Anschließend mit dem Löffel 5 Mal falten, damit die Hitze gleichmäßig verteilt wird. Die austretende Molke abgießen und den Käse weitere 30 Sekunden in den Mikrowellenherd stellen.

11 Die Molke abgießen und die Pfeffer- und Chilisorten sowie das Salz über den Käse streuen.

8 Wenn sich die Konsistenz der Käsemasse von joghurt- zu rühreiartig verändert hat, das Ganze mit dem geschlitzten Löffel aus dem Topf heben und in die Mikrowellenschüssel geben.

9 Die dabei austretende Molke vorsichtig aus der Schüssel in den Topf gießen.

12 Die Käsemasse 10 Mal über den Chilistückchen falten, damit diese gleichmäßig im Käse verteilt werden. (Achtung: Die Käsemasse wird sehr heiß, deshalb einen Löffel verwenden oder Handschuhe anziehen.) Die Masse sollte nun eine recht gleichmäßige Konsistenz haben.

ZOOM

Der Käse sieht zunächst klumpig aus, wird aber in wenigen Minuten zu einer geschmeidigen, elastischen Masse.

13 Weitere 30 Sekunden in die Mikrowelle stellen. Es sollte jetzt kaum noch Molke austreten. Wie oft man falten muss, bis eine gleichmäßige Käsemasse entsteht, hängt von der Milchsorte und der Temperatur des Bruchs ab.

14 Die Kastenform mit Backpapier auslegen, damit der Käse sich besser löst, und die heiße Käsemasse darin zu einem klassischen Laib formen (siehe S. 184 für weitere Optionen).

15 Die Form 10–15 Minuten in das Gefrierfach stellen, den Käse anschließend herausnehmen und auf einen Servierteller stürzen.

IHR WERK IST VOLLBRACHT. GUTEN APPETIT!

VARIATIONEN UND ALTERNATIVEN

- Lassen Sie den Joghurt weg: Er ist für die Dicklegung des Käses nicht notwendig, macht diesen aber würziger.
- Wird fettarme statt Vollmilch verwendet, bekommt der Käse eine festere Konsistenz (wie Schnurkäse). Ziegenrohmilch macht ihn hingegen noch herber als Joghurt.
- Lassen Sie den Pfeffer und die Chilis weg und erfinden Sie neue Geschmacksrichtungen, z. B. mit Oliven und Salami, Rosinen und Rosmarin. Jede Woche eine neue Sorte!
- Formen Sie den Käse zu runden Laiben, flachen Kreisen usw.

SERVIERVORSCHLAG

QUESADILLAS 2.0

— Ergibt 2 Quesadillas; für 2 Personen —

Verstehen Sie mich nicht falsch: Bisher hat mir jede Quesadilla geschmeckt. Diese Version übertrifft jedoch alles. Sie ist so viel mehr als nur eine mit köstlichem Käse gefüllte Weizentortilla. Sie werden staunen, was ein bisschen Aufwand und die richtigen Zutaten ausmachen können. Sind Sie zu faul, äh, ich meine: Haben Sie zu wenig Zeit? Verwenden Sie Tortillas aus dem Supermarkt. Beträufeln Sie sie vor dem Erhitzen mit etwas Wasser, dann schmecken sie gleich viel frischer.

- 4 Maismehl-Tortillas oder 125 g Maismehl (Masa Harina)
- Ca. 60 g Triple Pepper Hack, geschnitten oder gerieben
- 4 TL Ghee (S. 240) oder Butter (S. 236)

FÜR HAUSGEMACHTE TORTILLAS: Nach Packungsanweisung aus dem Mehl 4 tischtennisballgroße Kugeln formen und diese flach zusammendrücken, damit 3 mm dicke Tortillas entstehen.

FÜR DIE QUESADILLAS: Den Käse auf 2 Tortillas verteilen und mit den anderen beiden bedecken. Falls die Tortillas selbstgemacht sind, die Ränder zusammendrücken. In einer gusseisernen Pfanne im heißen Ghee von beiden Seiten knusprig braun braten. Na, ist das nicht etwas ganz Besonderes?

UNSER LIEBLINGS-MOZZARELLA

Damit dieses Rezept so einfach wie möglich wird, habe ich es auf seine Grundlagen reduziert. Die Mikrowelle sorgt für eine gleichmäßige Wärmeverteilung, was das Auseinanderziehen der Käsemasse erleichtert. Die Zitronensäure unterstützt das Lab bei seiner Arbeit, sodass Sie nicht erst einen Tag warten müssen, bis die Milch mit Kulturen angesäuert ist. Unser Lieblingsmozzarella ist so zart und vielseitig, dass er sicher auch zu einem Ihrer Favoriten wird. Formen Sie daraus typische Mozzarellakugeln, machen sie kleine mundgerechte Happen (Bocconcini, S. 192) oder flechten Sie ihn. Sie können den Käseteig auch schneiden, rupfen, füllen, rollen, platt drücken und mit allerlei Aromen verfeinern (mehr zu den Techniken für das Formen von Schnurkäse auf S. 192–198). Was ich damit sagen will: Dieses Rezept ist nur die Basis. Das Ziehen des Käses erfordert zwar etwas Übung, letztendlich zählt aber der Geschmack. Sicher werden Sie beim Üben den einen oder anderen ulkig geformten Käse produzieren – schmackhaft werden sie aber alle!

WIE EINFACH IST ES?

Level:
Einfach Einfacher Am einfachsten

Verzehrbereit in:
45 Minuten

Ergibt:
Ca. 700 g

Größte Hürde:
Der Pasteurisierungsgrad von Milch schwankt, und manchmal ist er nicht genau auf der Packung angegeben. Mit ultrahocherhitzter Milch gelingt dieses Rezept nicht.

Verwendung:
Der perfekte Snack- und Schmelzkäse für jede Gelegenheit.

Empfohlene Milch:
4 l Vollmilch (Kuh) + 250 ml Sahne (sehr variabel, siehe Alternativen)

Erwähnenswert:
Für dieses Rezept benötigen wir eine Mikrowelle. Sie erhalten von mir aber auch Anweisungen zur alternativen Vorgehensweise (dann dauert es bloß etwas länger).

ZUTATEN

1½ TL Zitronensäure

125 ml + 60 ml Wasser

¼ pflanzliche Labaustauschtablette

4 l Vollmilch (nicht ultrahocherhitzt)

250 ml Sahne (optional)

2 TL Salzflocken

ZUBEHÖR

Teelöffel

Topf (5 Liter)

Großer Schaumlöffel

Lebensmittelthermometer

Große Mikrowellenschüssel

Gummihandschuhe (optional)

Back- oder Wachspapier (optional)

Große Schüssel für das Eisbad (optional)

1 Die Zitronensäure in 125 ml Wasser auflösen und beiseitestellen.

ZOOM

Die Milch kann jetzt bereits leicht eindicken.

4 Die Zitronensäurelösung sorgfältig unterrühren und die Milch dann auf 32 °C erwärmen.

2 Die Labtablette in 60 ml Wasser auflösen und beiseitestellen.

3 Die Milch in den Topf gießen und ggf. die Sahne dazugeben. Der Käse wird dadurch reichhaltiger und ähnelt dem echtem Büffelmozzarella.

5 Sobald die Milch die Temperatur von 32 °C erreicht, die Lablösung dazugeben und mit 20 raschen Schwüngen sorgfältig unterrühren. Rühren einstellen und weiter erhitzen.

SCHÖNE GERINNUNG!!

6 Falls später eine Mikrowelle verwendet wird, die Milch auf 41 °C erhitzen. Falls der Käse im heißen Molkebad gezogen wird, die Milch auf 43 °C erhitzen. Die Milch dickt nun sichtbar ein. Auf eine Trennung zwischen Molke und Käsebruch bzw. eine joghurtartige Konsistenz der Masse achten.

7 Den Käsebruch mit dem Löffel in ca. 3 cm große Stücke zerteilen. Diese dann ca. 1 Minute in der heißen Molke umherbewegen, damit sie weiter schrumpfen. Sobald die Milch eine Temperatur von 41 bzw. 43 °C erreicht, die Hitze reduzieren und die Temperatur konstant halten.

8 Nach weiteren 2 Minuten hat sich die Konsistenz der Käsemasse von joghurt- zu rühreiartig verändert. Die Masse nun mit dem geschlitzten Löffel aus dem Topf heben und in die Mikrowellenschüssel geben

KEINE MIKROWELLE VORHANDEN?

Einfach den Instruktionen im Kapitel „Heißes Molkebad" (S. 144) ab Schritt 1 folgen.

11 Weitere 30 Sekunden in den Mikrowellenherd stellen. Die Masse mit dem Salz bestreuen und dann 10 Mal falten, damit das Salz gleichmäßig verteilt wird. (Hinweis: Falls es zu heiß ist, einen Löffel verwenden oder Handschuhe anziehen).

JETZT ABER SCHNELL, DER KÄSE WIRD KALT!

9 Die restliche Molke abgießen und den Käse leicht andrücken, damit er gleichmäßiger erhitzt wird.

10 Die Käsemasse 1 Minute auf hoher Stufe in der Mikrowelle (die Standardeinstellung ist meist ausreichend) erhitzen. Anschließend mit den Händen oder dem Löffel 5 Mal falten, damit die Hitze gleichmäßig verteilt wird. Die austretende Molke abgießen.

12 Weitere 30 Sekunden in der Mikrowelle erhitzen. Jetzt sollte kaum noch Molke austreten. Die Masse mehrfach zusammenfalten und dabei gut zusammendrücken. Diese Phase ist besonders dramatisch.

13 Die Temperatur der Käsemasse sollte nun ca. 57 °C betragen; das sollte aber besser nicht geprüft werden, da die Masse dabei zu sehr auskühlt. Wie oft man falten muss, bis eine gleichmäßige Käsemasse entsteht, hängt von der Milchsorte und der Temperatur des Bruchs ab.

14 Während des Faltvorgangs sieht der Käse zunächst wie klumpiger Plätzchenteig aus. Ganz plötzlich bekommt er dann jedoch die perfekt elastische Konsistenz von Brotteig. Den Teig dazu immer wieder vorsichtig auseinanderziehen.

15 Sobald die Ränder glatt sind und die Oberfläche beim Ziehen glänzt, ist aus dem Teig Mozzarella geworden. Nun kann der Käse nach Belieben geformt werden.

16 Gefällt Ihnen das Resultat, sind Sie fertig. Reißt die Käsemasse jedoch beim Ziehen, ist sie zu kalt geworden. Weitere 30 Sekunden im Mikrowellenherd erhitzen. (Hinweis: Je weniger der Mozzarella erhitzt und gezogen werden muss, desto zarter bleibt er.)

VARIATIONEN UND ALTERNATIVEN

- Verwenden Sie fettarme Milch (das Resultat lässt sich leichter rupfen) oder Ziegenrohmilch verwenden, wenn es würziger sein soll. Die Konsistenz ist bei diesen Alternativen nicht so cremig und die Ausbeute weniger ergiebig.
- Fügen Sie Kräuter, frisch gemahlenen schwarzen Pfeffer, Chiliflocken u. v. a. (Speckstückchen, Trockenfrüchte usw.) beim Unterkneten des Salzes hinzu.
- Im Kapitel „Formen und Geschmacksvarianten" (S. 182) lernen Sie zahlreiche witzige Gestaltungsmöglichkeiten kennen. (Käseravioli werden nie wieder dasselbe sein!)

SERVIERVORSCHLAG

KEBAB PARTY

— Ergibt 6 Spieße —

Bereiten Sie die Spieße vor oder – noch besser – stellen Sie alle Zutaten bereit und lassen Sie Ihre Gäste selbst Hand anlegen. Sie können sich dann gemütlich zurücklehnen und zuschauen. Natürlich bestehen Sie auf Ihrem Recht auf Verkostung!

- 20–25 Mozzarellawürfel (2,5 x 2,5 cm)
- 1½ EL Olivenöl
- 1½ EL Rotweinessig
- Salz und Pfeffer nach Geschmack
- 20–25 Kirschtomaten, Paprikastücke, Oliven und/oder Basilikumblätter
- 6 Holzspieße

Das Olivenöl mit Essig, Öl und Pfeffer verrühren und die Mozzarellawürfel darin wälzen. Die Käsewürfel und die anderen Zutaten abwechselnd auf die Holzstäbe spießen. Das klappt auch wunderbar mit Obst. Verwenden Sie kleine Spieße als Partyhäppchen und große Spieße für eine Picknickbeilage am Stiel.

Das heiße Molkebad

Für die Käsesorten der Kategorie „Zart schmelzend und klebrig" brauchen Sie nicht unbedingt eine Mikrowelle. Man benötigt aber etwas mehr Übung, um den Käse in der heißen Molke zu ziehen. Der Käse lässt sich leicht zu Kugeln oder anderen einfachen Gebilden formen. Etwas schwieriger ist es, daraus Seile zu formen, weil die Molke dazu einerseits heiß genug sein muss, der Käse aber nicht zu hart werden darf. Das Ergebnis ist so oder so köstlich. Außerdem ist es immer praktisch, auch diese Methode zu beherrschen; vielleicht wollen Sie ja irgendwann einmal im Wald Käse herstellen.

ZUTATEN

KäsebruchMolke

2 EL + ¼ TL Salzflocken

ZUBEHÖR

Lebensmittelthermometer

Esslöffel

Großer Schneebesen

Große hitzebeständige Schüssel

Kelle oder großer Löffel

Dicke Gummihandschuhe (optional)

Kleiner Löffel (optional)

Teelöffel

1 Nachdem der Käsebruch aus der Molke entfernt wurde, die Molke auf 88 °C erhitzen. Sobald die Temperatur erreicht ist, die Hitze reduzieren oder abschalten, damit die Temperatur konstant bleibt. Den Herd später ggf. wieder anschalten.

2 2 EL Salz in der Molke auflösen, die dadurch milchiger wird.

3 Den Käsebruch in 4 Teile portionieren und alle bis auf einen beiseitelegen. Diese Portion in eine hitzebeständige Schüssel legen. Es kann sein, dass der Teig dabei etwas zerfällt, aber das macht nichts.

4 So viel Molke in die Schüssel geben, dass das Käsestück bedeckt ist. Ca. 3 Minuten ruhen lassen. Der Käsebruch muss 57–63 °C erreichen, um knetbar zu sein.

5 Den Bruch mit den Händen bzw. Löffel und Kelle zu einer soliden Masse kneten. Achtung, die Molke ist sehr heiß!

6 Die Mitte des Käsestücks sollte weicher sein als der Rest. Ist das nicht der Fall, etwas länger in der Molke ruhen lassen. Zunächst die Temperatur per Thermometer prüfen (im Laufe der Zeit sollte man intuitiv vorgehen, da die Käsemasse während des Messens um einige entscheidende Grade abkühlt).

9 Die Schritte 3 bis 8 mit den restlichen 3 Käseportionen wiederholen. Wenn der Käsebruch in kleine Würfel geschnitten wird, erhitzt er sich schneller und man kann außerdem das Rollen vieler kleiner Mozzarellakugeln üben.

10 Mit jedem Versuch wird der Käse besser gelingen. (Wenn Sie die Methoden vergleichen, dürfen Sie hier nicht die gleiche Dehnbarkeit erwarten wie beim Mikrowellen-Mozzarella.)

7 Die Käsemasse in der heißen Molke 3 bis 5 Mal zusammenfalten, sodass eine kompakte Masse entsteht, die beim Herausheben nicht zerfällt. Von der Konsistenz her ist sie glatter und geschmeidiger und glänzt leicht.

8 Ein Stückchen Käse probieren, ggf. das restliche Salz dazugeben und 5 Mal falten (außerhalb der Molke). Falls nötig, die Schritte 6 und 7 wiederholen.

KÄSEKUNDE

Der Legende nach wurde Mozzarella früher in heißem Meerwasser gezogen und gefaltet, und nur mit dem darin enthaltenen Salz gewürzt.

Mozzarella formen

Es gibt zwei Möglichkeiten, Mozzarella nach Wunsch zu formen. Die eine Methode ist ganz einfach, die andere gibt uns mehr Kontrolle über das Aussehen des fertigen Käses. Der einfachste Weg ist das Abkühlen der warmen Mozzarellamasse in einer bestimmten Käseform.

Bei der Eisbad-Methode (unten) erhält der Käse die Form, in die man ihn zuvor geknetet hat. Durch das schnelle Abkühlen erstarrt er geradezu.

Methode 1: Abkühlen in der Form

1 Die gewünschte Schüssel mit Back- oder Wachspapier auslegen (optional). Anschließend 5 Minuten in das Gefrierfach stellen, damit der Käse später schneller abkühlt.

Methode 2: Eisbad

1 Eine Schüssel zu drei Vierteln mit kaltem Wasser füllen und dann Eiswürfel hineingeben. Ein Stück Back- oder Wachspapier auf die Arbeitsfläche legen und die warme Mozzarellakugel in die Mitte legen. (Siehe Kasten für Minimozzarellas, Zöpfe usw.)

2 Den Käse in dem Papier einwickeln und das Bündel oben fest zusammendrehen. Die Form des Bündels gibt die Form des fertigen Käses vor.

2 Ein kleine runde Schüssel eignet sich besonders gut. Der fertige Käse hat dann eine hübsche Kuppelform, wenn er auf einen Teller gestürzt wird.

MOZZARELLA PUR

Kleine Mozzarellabällchen, -zöpfe, -knoten etc. können direkt ohne Verpackung in das Eiswasser getaucht werden. Da im Eisbad automatisch Salz austritt, sollte der Käse maximal 2 Minuten darin liegen, ansonsten muss man beim Erhitzen von vornherein mehr Salz hinzufügen.

3 Das Bündel ins Eisbad legen. Der Mozzarella zieht sich sofort zusammen; dennoch sollte er 2–4 Minuten im Eisbad liegen bleiben, damit er richtig abkühlt, wenn er sofort verzehrt werden soll. Soll er länger aufbewahrt werden, sollte er auch etwas länger im Eisbad verbleiben.

4 Das Bündel aus dem Wasser nehmen und den Käse auswickeln. Er ist nun verzehrfertig (oder kann in einem zugedeckten Behälter für später aufbewahrt werden). Sollte er etwas feucht geworden sein, einfach mit einem Papiertuch abtupfen.

PIZZA FILATA

Dieser Käse erhält seinen Namen durch seinen Geschmack sowie den Herstellungsprozess. Der Käsebruch eines Pizza Filata (dt. „gedrehter Teig") wird wie Mozzarella (S. 137), Oaxaca (S. 161) und andere ähnliche Käsesorten zu Bändern geformt. Indem man die Käsebänder in sich immer wieder zusammenfaltet, entstehen dünne Käseschichten, die man einzeln abziehen kann – so entsteht der beliebte Schnurkäse.

Bei dieser Art Käse ist der Fettgehalt der Milch wichtig, da sie den Unterschied zwischen cremigem und faserigem Käse ausmacht. Wir wollen letzteres und verwenden deshalb fettarme Milch.

Pasta Filata schmeckt jedem. Kinder haben viel Spaß am Auseinanderziehen der einzelnen Schichten (und natürlich auch am Essen). Interaktives Essen ist immer spannend, ganz gleich, wie alt man ist. Für Ihre nächste Party können Sie den Schnurkäse einfach mit Zutaten wie frischem Rosmarin und buntem Pfeffer, Anissamen und getrockneten Cranberrys oder auch rosafarbenem Salz und frischem Zitronenthymian aufpeppen. Die Möglichkeiten sind nahezu unbegrenzt ...

WIE EINFACH IST ES?

Level:
Einfach Einfacher Am einfachsten

Verzehrbereit in:
1 Stunde

Ergibt:
Ca. 700 g

Größte Hürde:
Der Käse wird am Anfang nicht dehnbar genug. Die ideale Temperatur ist schwer zu erzielen und benötigt etwas Übung.

Verwendung:
Als Angeber-Imbiss im Büro oder in der Schule und als fettarmer Mozzarella-Ersatz.

Empfohlene Milch:
4 l fettarme Kuhmilch

Erwähnenswert:
Für dieses Rezept benötigen wir eine Mikrowelle, aber Sie erhalten ebenfalls Instruktionen zur Verarbeitung des Käsebruchs ohne Mikrowelle. Das dauert nur ein bisschen länger und hat kürzere Schnüre und Käsekugeln zur Folge.

ZUTATEN

- 1½ TL Zitronensäure
- 125 ml + 60 ml Wasser
- ¼ pflanzliche Labaustauschtablette
- 4 l fettarme Milch
- 2 TL Salzflocken
- 1 TL getrockneter Oregano bzw. italienische Kräuter
- 2 TL getrocknete Tomaten, gekocht und gewürfelt

ZUBEHÖR

- Teelöffel
- Topf (5 Liter)
- Großer Schaumlöffel
- Lebensmittelthermometer
- Große Mikrowellenschüssel
- Große Schüssel für Eisbad
- Küchenhandtuch (flusenfrei) oder Papiertücher

1 Die Zitronensäure in 125 ml Wasser auflösen und beiseitestellen.

4 Die Mischung bei mittlerer Hitze auf 32 °C erhitzen.

2 Die Labtablette in den 60 ml Wasser auflösen und beiseitestellen.

3 Die Milch in den Topf gießen. Die Zitronensäurelösung dazugeben und sorgfältig unterrühren.

5 Sobald die Milch eine Temperatur von 32 °C erreicht, die Lablösung dazugeben und mit 20 raschen Schwüngen unterrühren. Falls später eine Mikrowelle verwendet wird, die Milch auf 41 °C erhitzen. Wenn der Käse im heißen Molkebad gezogen wird, auf 43 °C erhitzen.

6 Aufmerksam die Temperatur kontrollieren! Die Milch wird schnell zu heiß, wodurch die gesamte Masse ruiniert werden kann. Auf eine deutliche Trennung zwischen Molke und Käsebruch bzw. eine joghurtartige Konsistenz achten. Anschließend die Hitze reduzieren, damit die Temperatur konstant bleibt.

7 Die großen Bruchkörner mit dem Löffel vorsichtig in ca. 2 cm große Stücke schneiden. Anschließend sanft in der heißen Molke bewegen, damit sie sich weiter zusammenziehen.

8 Sobald sich die Konsistenz von joghurt- zu rühreiartig verändert hat (nach ca. 2 Minuten), die Bruchkörner mit dem Schaumlöffel herausheben und in die Mikrowellenschüssel geben.

10 Die Masse mit dem Löffel oder den Händen 5 Mal zusammenfalten, damit die Hitze gleichmäßig verteilt wird. Die austretende Molke abgießen. Weitere 30 Sekunden in der Mikrowelle erhitzen. Die dabei ausgetretene Molke sofort abgießen.

11 Salz, Oregano und Tomatenstückchen dazugeben und das Ganze 10 Mal falten, damit die Zutaten gleichmäßig verteilt werden.

SCHNELL, SCHNELL, DER BRUCH WIRD KALT!

9 Die restliche Molke zurück in den Topf gießen und die Käsemasse dabei mit dem Löffel festhalten. Anschließend den Käse am Schüsselboden leicht andrücken, damit er gleichmäßig erhitzt wird. 1 Minute auf hoher Stufe im Mikrowellenherd erhitzen.

KEINE MIKROWELLE VORHANDEN?

Einfach den Instruktionen im Kapitel „Heißes Molkebad" (S. 144) ab Schritt 1 folgen.

FAST FERTIG!

12 Beim Falten des Käseteigs wird die Veränderung der Konsistenz deutlich. Der Teig wird weniger klumpig und geschmeidiger und kann auch leicht zu schmelzen beginnen.

13 Weitere 30 Sekunden im Mikrowellenherd erhitzen. Es sollte nun kaum noch Molke austreten. Den Teig weiter zusammenfalten. Im Laufe der Zeit bekommt er die Konsistenz von Brotteig.

14 Den Käse nun immer wieder falten und auseinanderziehen, bis ein richtiger Teig entsteht. Die Dauer des Vorgangs hängt von der Qualität der Milch und der Temperatur des Käsebruchs ab. Den glatten Teig mit den Händen dehnen.

15 Lässt sich der Teig leicht dehnen, das Ganze so weit wie möglich auseinanderziehen, ohne dass es reißt.

18 Ist die gewünschte Länge und Dicke der Käseschnur erreicht (ich peile immer 60 cm Länge und ca. 2 cm Dicke an), diese in Stücke schneiden. Schnurkäse ist meistens 10 cm lang.

19 Eine Schüssel zu drei Vierteln mit kaltem Wasser füllen und Eiswürfel hineingeben. Die warmen Käsestränge hineinlegen und 1–2 Minuten abkühlen lassen.

ZIEHEN UND FALTEN;
ZIIIIIEHEN UND FALTEN ...

16 Anschließend wieder zusammenfalten und erneut dehnen. Diesen Vorgang so oft wiederholen, bis ein langer Käsestrang entstanden ist. 4 bis 6 Wiederholungen sollten ausreichen (der Käse lässt sich aber ziehen und falten, solange er warm ist).

ZOOM

Der Schichteffekt wird erzielt durch den niedrigen Fettgehalt der Milch sowie das Falten und Ziehen der Käsemasse. Je öfter man faltet, desto dünner sind die Schichten.

17 Mit dem Ziehen aufhören, sobald die Käsemasse reißt. Soll der Käsestrang länger und dünner werden, noch einmal 30 Sekunden im Mikrowellenherd erhitzen.

20 Die Käsestücke aus dem Eisbad nehmen und auf dem Küchenhandtuch/Papiertuch abtropfen lassen.

21 Vorsichtig mit dem Tuch trocken tupfen.

22 Die Käsestücke auf einem Servierteller anrichten. Ihre Gäste werden staunen!

VIEL SPASS BEIM PELLEN!

VARIATIONEN UND ALTERNATIVEN

- Verwenden Sie entrahmte Rohmilch und stellen Sie aus dem abgesahnten Rahm Butter her.
- Mischen Sie andere Zutaten unter den Käsebruch (siehe Einleitung, S. 151). Würzen Sie einzelne Portionen unterschiedlich.
- Formen Sie aus dem warmen Bruch Donuts, Bretzeln oder Zöpfe. Vergessen Sie das Abschrecken im Eisbad nicht.
- Formen Sie aus dem Käse einen langen Strang und servieren Sie diesen im Ganzen auf Backpapier als Vorspeise.

SERVIERVORSCHLAG

SALAMI-TASCHEN

— Ergibt 10 Taschen, für 2 Personen —

Pizza-Taschen aus dem Tiefkühlregal hat jeder schon einmal gegessen. Servieren Sie beim nächsten Heimkino-Abend lieber diesen köstlichen hausgemachten Snack. Natürlich habe ich auch unsere vegetarischen Freunde nicht vergessen: Verwenden Sie einfach Zucchini- oder Sojawurstscheiben!

- 20 Scheiben Salami
- 60 ml dickflüssige Tomaten- oder Pizzasauce
- 5 kleine Stücke Pasta Filata, zerrupft

Zwischen 2 Salamischeiben einen Klecks Sauce und ein paar Käsefäden legen. Diesen Vorgang wiederholen, bis alle Zutaten verbraucht sind. Diese anschließend entweder ohne zusätzliches Fett in der Pfanne anbraten (die Salami setzt genug Fett frei) oder bei 180 °C 10-15 Minuten backen, bis die Salami knusprig ist und der Käse schmilzt.

Alternativ kann man Oliven, Champignons, Spinatblättchen und vieles mehr dazugeben.

Dazu einen knackigen grünen Salat mit einer leichten Vinaigrette reichen. Einfach, aber köstlich!

CHIPOTLE-LIMETTEN OAXACA

Nun geht die Reise auf der Weltkarte weiter – nach Oaxaca, Mexiko, der Heimat eines anderen beliebten Schnurkäses. Es macht richtig Spaß, diesen Käse zu einem Knoten zu wickeln und zum Essen dann häppchenweise auseinanderzuziehen. Sie können den Käse wie Mozzarella aber auch schneiden, rupfen oder schmelzen.

Bei dieser Version können Sie durch eine rauchige Ummantelung zusätzliche Geschmacks- und Stil-Punkte sammeln. Dazu bestreuen Sie den Käse vor dem Knoten mit herzhaftem Chipotle-Pulver (aus getrockneten, geräucherten und gemahlenen Jalapeños) oder mischen aus dem Pulver und Limettensaft einen leckeren Rub. Mit seiner appetitlichen Farbe und der eleganten Knotenform ist der Käse die perfekte Vorspeise auf jeder Dinnerparty. Reichen Sie dazu eisgekühltes Bier und Tortilla-Chips. Eine unschlagbare Kombination!

WIE EINFACH IST ES?

Level:
Einfach   Einfacher   Am einfachsten

Verzehrbereit in:
1 Stunde

Ergibt:
Ca. 700 g

Größte Hürde:
Die Temperatur für die perfekte Geschmeidigkeit des Käses zu erzielen erfordert etwas Übung.

Verwendung:
Ideal für mexikanische oder lateinamerikanische Gerichte. Macht aus Rühreiern und Chili etwas ganz Besonderes.

Empfohlene Milch:
4 l fettarme Milch

Erwähnenswert:
Für dieses Rezept benötigen wir eine Mikrowelle, aber Sie erhalten ebenfalls Instruktionen zur Verarbeitung des Käsebruchs ohne Mikrowelle (s. S. 144). Das dauert nur ein bisschen länger und ergibt Kugeln oder Schnüre statt eines Knotens.

ZUTATEN

1½ TL Zitronensäure

125 ml + 60 ml Wasser

¼ pflanzliche Labaustauschtablette

Saft von 1 Limette

2 TL Chipotle-Pulver

2 TL Salzflocken + ½ TL extra

4 l fettarme Milch

1 TL Zitronenpfeffer

ZUBEHÖR

Teelöffel

Messer

Zitronenpresse

Topf (5 Liter)

Großer Schaumlöffel

Lebensmittelthermometer

Große Mikrowellenschüssel

Gummihandschuhe (optional)

Back- oder Wachspapier

Große Schüssel für Eisbad (optional)

1 Die Zitronensäure in 125 ml Wasser auflösen und beiseitestellen.

4 Die Milch in den Topf gießen und die Zitronensäurelösung einrühren.

2 Die Labaustauschtablette in 60 ml Wasser auflösen und beiseitestellen.

3 Das Chipotle-Pulver und ½ TL Salz in eine kleine Schale geben. Die Limette auspressen und den Saft mit dem Pulver mischen.

5 Bei mittlerer Hitze auf 32 °C erwärmen. Sobald die Temperatur erreicht ist, die Lablösung dazugeben und mit 20 raschen Schwüngen unterrühren. Falls später eine Mikrowelle verwendet wird, die Milch auf 41 °C erhitzen (für das Ziehen im heißen Molkebad auf 43 °C erhitzen).

NICHT WEGGEHEN!

6 Die Temperatur genau überwachen! Die Milch wird schnell zu heiß, wodurch die gesamte Masse ruiniert werden kann. Auf eine deutliche Trennung zwischen Molke und Käsebruch bzw. eine joghurtartige Konsistenz achten.

7 Die Hitze reduzieren, damit die Temperatur konstant bei 41 °C bzw. 43 °C bleibt. Nun die größeren Bruchkörner mit dem Löffel vorsichtig so zerteilen, dass sie nicht größer als ca. 2 cm sind. Die Bruchkörner in der heißen Molke bewegen, damit sie sich weiter zusammenziehen.

8 Sobald sich die Konsistenz von joghurt- zu rühreiartig verändert hat, die Bruchkörner mit dem Schaumlöffel abschöpfen und in die Mikrowellenschüssel geben.

10 Die Masse mit dem Löffel oder den Händen 5 Mal zusammenfalten, damit die Hitze gleichmäßig verteilt wird. Die austretende Molke abgießen. Weitere 30 Sekunden im Mikrowellenherd erhitzen. Die dabei ausgetretene Molke sofort abgießen.

11 Den Zitronenpfeffer und das restliche Salz auf den Bruch streuen und das Ganze 10 Mal falten, damit die Gewürze gleichmäßig verteilt werden.

9 Die restliche Molke zurück in den Topf gießen und die Käsemasse dabei mit dem Löffel festhalten. Anschließend den Käse am Schüsselboden leicht andrücken, damit er gleichmäßig erhitzt wird, und dann 1 Minute auf hoher Stufe (die Standardeinstellung reicht meist aus) in der Mikrowelle erhitzen.

KEINE MIKROWELLE VORHANDEN?

Einfach den Instruktionen im Kapitel „Heißes Molkebad" (S. 144) ab Schritt 1 folgen.

12 Beim Falten des Käseteigs wird die Veränderung der Konsistenz deutlich. Der Teig wird geschmeidiger und kann leicht schmelzen.

FAST FERTIG!

13 Weitere 30 Sekunden im Mikrowellenherd erhitzen. Es sollte nun kaum noch Molke austreten. Den Teig wiederholt zusammenfalten und kräftig kneten (falls der Käse zu heiß ist, 2 Löffel benutzen oder Gummihandschuhe tragen). Im Laufe der Zeit bekommt er die Konsistenz von Brotteig.

ZIEHEN UND FALTEN,
ZIIIIIEHEN UND FALTEN …

14 Den Käse nun immer wieder falten und kneten, bis ein richtiger Teig entsteht. Die Dauer des Vorgangs hängt von der Qualität der Milch und der Temperatur des Käsebruchs ab. Den glatten Teig anschließend mit den Händen auseinanderziehen.

15 Sobald sich der Teig leicht ziehen lässt, einen langen Strang daraus formen, diesen erneut in sich zusammenfalten und wieder auseinanderziehen.

18 Für die Knotenform ein Ende des Käsestrangs zwischen zwei Fingern halten, dann den Rest des Strangs darum wickeln.

19 Beim Wickeln immer wieder den Winkel verändern, sodass nicht nur eine einfache Spirale bzw. Schnecke entsteht.

ACHTUNG, NICHT MIT DEN FINGERN IN DIE AUGEN FASSEN UND AM BESTEN HANDSCHUHE TRAGEN!

16 4-6 Wiederholungen sollten ausreichen. (Mit dem Ziehen aufhören, sobald der Käsestrang reißt. Soll dieser jedoch länger und dünner werden, noch einmal 30 Sekunden in der Mikrowelle erhitzen.)

17 Ist die Dicke des Käsestrangs zufriedenstellend (ca. 2 cm), das Ganze ggf. teilen, um 1–3 Knoten daraus zu formen. Die Stücke anschließend in die Chipotle-Limetten-Marinade tauchen.

20 Die Finger aus dem entstandenen Loch ziehen und das Ende des Käsestrangs feststecken.

MIT MARINADE BETRÄUFELN. LECKER!

21 Dieser Käse schmeckt warm einfach köstlich. Die Knoten zur Aufbewahrung in Back- oder Wachspapier einwickeln und das Papier oben fest zudrehen.

22 Eine Schüssel zu drei Vierteln mit kaltem Wasser füllen und dann Eiswürfel hineingeben. Das Käsebündel 3-5 Minuten darin ruhen lassen. Durch sanften Druck die Festigkeit testen.

23 Das Bündel anschließend herausnehmen, auswickeln und ggf. sofort servieren – natürlich nicht, ohne vorher zu kosten.

VARIATIONEN UND ALTERNATIVEN

- Ändern Sie die Zusammensetzung der Marinade, z. B. mit Zitronensaft und weißem Pfeffer oder mildem Chilipulver (falls das Chipotle-Pulver zu scharf oder gerade nicht verfügbar ist).
- Lassen Sie das Chipotle-Pulver weg und salzen Sie den Käsestrang lediglich vor dem Knoten.
- Formen Sie mehrere kleine mundgerechte Knoten.
- Falten Sie den Käsebruch so lange, bis er zusammenhält. Lassen Sie ihn in einer Schüssel abkühlen oder formen Sie ein Käserad daraus (siehe Smoky Cheater, S. 103) und reiben Sie ihn nach dem Abkühlen mit Marinade ein.

SERVIERVORSCHLAG

GURKENSTREIFENSALAT MIT KÄSEFÄDEN

— Ergibt 2 kleine Salate; für 2 Personen —

Die kühlende Frische der grünen Gurke gleicht die Schärfe der Chipotle-Chilis aus und harmoniert perfekt mit dem Limettensaft. Wir haben die Gurke in dünne Streifen geschnitten, damit sie optisch besser zum Käse passt. Schmeckt als Snack, aber auch als Beilage.

10 cm Chipotle-Limetten-Oaxaca
1 grüne Gurke
½ EL Limettensaft, frisch gepresst
¼ TL (oder mehr) Meersalz

Den Käse in Fäden auseinanderziehen. Die Gurke mit dem Sparschäler in dünne Streifen schneiden (doppelt so viele Gurken- wie Käsestreifen). Anschließend in Limettensaft wälzen, mit Salz bestreuen und auf zwei Tellern anrichten.

Sollte noch Marinade übrig sein, diese vor dem Servieren als Farbtupfer über den Salat träufeln.

ZART SCHMELZEND UND KLEBRIG

BURRATA MIT NUSSBUTTER

Falls Sie jemals das Vergnügen hatten, frischen Burrata zu kosten, wissen Sie, dass der Käse von außen wie Mozzarella aussieht und innen mit einer ricottaartigen Masse gefüllt ist. Das Resultat schmeckt, als sei es von Einhörnern aus Regenbogen hergestellt worden. Der Frischkäse ist sehr schnell verderblich, deshalb bekommt man ihn nur selten außerhalb Italiens (wo die Einhörner ihre Käserei betreiben). Laut einiger Importeure hält sich der Käse ab dem Tag der Herstellung maximal 5 Tage. Der perfekte Do-it-yourself-Käse, richtig?

Mit meiner gewagten Entscheidung, der Füllung braune Butter (Nussbutter) hinzuzufügen, habe ich den Käse auf ein neues Level gehoben. Probieren Sie es doch einmal aus. Falls es Ihnen zu stark vom Klassiker abweicht, ersetzen Sie die braune Butter einfach durch normale Sahne.

Wie bei vielen Käsesorten in diesem Kapitel braucht man auch für das Formen der Burrata-Taschen Übung. Keine Sorge, selbst wenn Ihre Burrata-Taschen nur klebrige Käsehäufchen sind, vollenden Sie Ihr Werk trotzdem und beträufeln Sie sie mit der Nussbutter. Der Geschmack macht alles wieder wett. Denken Sie immer daran – sobald Sie den Prozess einmal gemeistert haben, stehen Ihnen unzählige Möglichkeiten offen!

WIE EINFACH IST ES?

Level:
Einfach Einfacher Am einfachsten

Verzehrbereit in:
1 Stunde

Ergibt:
Ca. 700 g

Größte Hürde:
Das Füllen und Verschließen der Taschen.

Verwendung:
Kann wie Mozzarella verwendet werden, ist aber oft auch als Solist der Star auf Vorspeisentellern.

Empfohlene Milch:
4 l Vollmilch (Kuh) + 250 ml Sahne. Der hohe Fettgehalt ist unerlässlich für die Cremigkeit dieser Käsesorte.

Erwähnenswert:
Für dieses Rezept benötigen wir eine Mikrowelle, aber Sie erhalten ebenfalls Instruktionen zur Verarbeitung des Käsebruchs ohne Mikrowelle (siehe S. 144). Das dauert nur ein bisschen länger und hat Unterschiede in der Konsistenz zur Folge.

ZUTATEN

- 4 EL gesalzene Butter
- 1½ TL Zitronensäure
- 125 ml + 60 ml Wasser
- ¼ pflanzliche Labaustauschtablette
- 4 l Vollmilch (nicht ultrahocherhitzt)
- 250 ml Sahne
- 1¼ TL Salzflocken (aufgeteilt in 2 x ½ und 1 x ¼ TL)

ZUBEHÖR

- Teelöffel
- Topf
- Großer Löffel
- Kleine, hitzebeständige Schüssel
- Teelöffel
- Topf (5 Liter)
- Großer Schaumlöffel
- Lebensmittelthermometer
- Große Mikrowellenschüssel
- Kleine Schüssel
- Mittelgroße Schüssel
- Gummihandschuhe (optional)
- Back- oder Wachspapier (optional)

Teil 1: Bräunen der Butter

1 Die Butter bei mittlerer Hitze schmelzen.

Teil 2: Herstellung des Käses

1 Die Zitronensäure in 125 ml Wasser auflösen und beiseitestellen.

2 Die Butter 4-6 Minuten bräunen. (Gut darauf aufpassen!) Immer wieder umrühren, damit sie nicht verbrennt. Sie sollte die goldbraune Farbe eines schwachen Kaffees oder starken Tees annehmen.

3 Die Butter in eine kleine hitzebeständige Schüssel gießen und beiseitestellen.

2 Die Labtablette in 60 ml Wasser auflösen und beiseitestellen.

3 Die Milch und die Sahne in den Topf gießen.

4 Die Zitronensäurelösung unterrühren und alles bei mittlerer Hitze auf 32 °C erwärmen.

5 Sobald die Temperatur von 32 °C erreicht ist, die Lablösung dazugeben und mit 20 raschen Schwüngen unterrühren.

8 Die größeren Bruchkörner mit dem Löffel vorsichtig zerteilen, sodass sie nicht größer als 2 cm sind. Anschließend 1–2 Minuten in der heißen Molke umherbewegen.

9 Nicht zu stark rühren, damit die Bruchkörner nicht zu klein werden. Die Masse nur sanft bewegen. Dabei setzen die Käsekörner weitere Molke frei und schrumpfen.

DIE TEMPERATUR GUT ÜBERWACHEN!

6 Nun kann man entweder eine Trennung zwischen Käsebruch und Molke beobachten oder aber es sieht aus wie glänzender Joghurt. Eventuell bildet sich auch eine solide Masse, die sich leicht vom Topfrand löst, wenn man mit dem Löffelrücken dagegen drückt.

7 Die Masse ohne Umrühren auf 41 °C erhitzen (bei der Zubereitungsart ohne Mikrowelle: 43 °C). Die Milch sollte bei 41 °C (bzw. 43 °C) zwar deutlich eindicken, aber selbst wenn sie nicht gerinnt, darf man die Temperatur für den nächsten Schritt nicht erhöhen.

10 Die Konsistenz sollte nun nicht mehr joghurt-, sondern rühreiartig sein. Wenn nicht, noch 1 Minute erhitzen. Anschließend die Bruchkörner mit dem Schaumlöffel herausheben und in die Mikrowellenschüssel geben.

11 Eine Tasse Käsebruch herausnehmen und in eine kleine Schüssel geben. Daraus entsteht die Füllung.

12 Für die Füllung die gebräunte Butter sowie ¼ TL Salz unter den abgeteilten Käsebruch heben.

13 Die Konsistenz der Füllung hängt vom persönlichen Geschmack ab. Die traditionelle Burrata-Füllung ist nicht cremig, sondern eine Mischung aus Käsemasse und Flüssigkeit. Anschließend warm halten.

16 Den restlichen Käsebruch 25 Sekunden in der Mikrowelle erhitzen. Die Masse anschließend mit einem Löffel oder den Händen 4–5 Mal zusammenfalten, damit die Hitze gleichmäßig verteilt wird.

17 Den Käsebruch mit dem Löffel festhalten und die ausgetreten Molke zurück in den Topf gießen.

14 Die übrige Käsemasse in 2 gleich große Teile trennen.

15 Die eine Hälfte in eine mittelgroße Schüssel geben und beiseitestellen.

18 Die abgetropfte Masse weitere 25 Sekunden erhitzen, 1/2 TL Salz hinzufügen und alles ca. 15 Mal falten, bis es zusammenhält. Die dabei austretende Molke abgießen.

19 Der Käse sollte sich nun geschmeidiger und elastischer anfühlen und eventuell leicht glänzen.

20 Noch einmal für 15 Sekunden erhitzen. Anschließend 5 Mal falten, damit sich die Hitze gleichmäßig verteilt, und dann kneten, bis die Masse anfängt zu glänzen. (Falls der Käse zu heiß ist, einen Löffel benutzen oder Handschuhe tragen.)

21 Der Teig hat nun eine sehr elastische Konsistenz; nach gründlichem Falten und Kneten (bis zu 20 Wiederholungen) lässt er sich leicht zu einer Kugel formen.

24 Die vier gegenüberliegenden Seiten des flachen Kreises anheben und oben zusammendrücken, um die Füllung zu umschließen.

25 Die Kanten fest zusammendrücken, damit die Tasche geschlossen bleibt. Sie können den Käse entweder als rustikales Täschchen servieren oder ...

22 Die Kugel rasch auf einem Stück Backpapier zu einem Kreis flach drücken; die Mitte muss etwas dicker sein als der Rand. Sollte der Teig zu schnell abgekühlt sein, noch einmal 10 Sekunden erhitzen.

23 Die Hälfte der Füllung aus Schritt 13 in die Mitte des Kreises geben.

26 ... die Tasche in das Papier wickeln und oben fest zusammendrehen, sodass der noch warme Käse weiter schmilzt und die Füllung fest umschließt. Das Bündel bei Raumtemperatur 5–10 Minuten ruhen lassen.

27 Den Käse auswickeln und noch zimmerwarm verzehren. Die Füllung ist so zart, dass sie im Mund schmilzt. (Die Käsetasche wird vermutlich etwas flacher ausfallen, aber die Konsistenz stimmt mit dem Original weitestgehend überein.)

28 Die Schritte 14–27 mit der anderen Hälfte des Käseteigs wiederholen. Zum Servieren die Käsetasche in der Mitte durchschneiden, damit beide Schichten sichtbar sind. Dippen Sie knackige Apfel- oder Birnenscheiben in die Füllung!

HINWEIS: Käsereste sollten vor dem Verzehr auf Raumtemperatur erwärmt oder 10–20 Sekunden in der Mikrowelle erhitzt werden, damit die Füllung schön weich wird. (Tipp: Die meisten Käsesorten schmecken bei Raumtemperatur am besten.)

VARIATIONEN UND ALTERNATIVEN

- Für einen klassischen Burrata ersetzen Sie die gebräunte Butter in der Füllung durch 60 ml Sahne. In diesem Fall kann die Käsekugel 5 Minuten im Gefrierfach gekühlt werden, damit sie ihre schöne Form behält. Im Gegensatz zur Butterfüllung macht dies der Sahnefüllung nichts aus.
- Füllen Sie die Tasche mit einem Mix aus Käsebruch und anderen Leckereien: Schinken, Spinat oder sogar gebratene Feigen. Solche Überraschungen liebt jeder!
- Falls Sie experimentieren wollen, sich aber noch nicht trauen, mischen Sie die Füllung erst einmal mit etwas Pesto (ohne gebräunte Butter).

SERVIERVORSCHLAG

KÄSEPLATTE MIT SAUTIERTEN TRAUBEN UND PARMA-SCHINKEN

— Ergibt 6–8 Portionen —

Dank seines herausragenden Aromas ist der Burrata ohnehin etwas Besonderes. Dieser Servierschlag eignet sich wunderbar für einen Feiertag oder eine schicke Dinner-Party. Aufgrund seiner Reichhaltigkeit nehmen die Gäste meist nur einen oder zwei Bissen.

2 EL Butter (S. 236)
Ca. 150 g grüne oder rote Trauben (ggf. halbiert)
8 Scheiben Parma-Schinken
1 Burrata
Schwarzer Pfeffer, frisch gemahlen

Die Butter in einer gusseisernen Pfanne bei mittlerer Hitze schmelzen. Die Trauben darin sautieren, bis sie weich werden und glänzen (ca. 3 Minuten). In der Zwischenzeit die Schinkenscheiben rund um den Tellerrand anrichten und den Burrata mit der Naht nach unten in die Mitte legen. Die Ränder der Naht ggf. zurechtschneiden.

Die warmen Trauben und die restliche Butter aus der Pfanne auf den Burrata geben. Den Teller mit dem schwarzen Pfeffer bestreuen. Guten Appetit!

Da diese Vorspeise sehr reichhaltig ist, serviert man anschließend idealerweise etwas Frisches und Knackiges. Für mehr Abwechslung können die Trauben durch Feigen, Aprikosen oder Pflaumen ersetzt werden.

Kapitel 3

FORMEN UND GESCHMACKS-RICHTUNGEN

DIE PRÄSENTATION: Handgeformter Käse und selbst gebaute Käseformen

Neben dem reinen Genuss ist es natürlich auch spannend, den Käse nach Ihren Vorstellungen und Wünschen zu formen. Sie wissen nicht, wo Sie anfangen sollen? Suchen Sie doch einfach einmal in Ihren Schränken nach interessant geformten Behältern. Als nächstes schauen Sie sich an der Käsetheke die exotischeren Varianten an – sicher finden Sie dort die eine oder andere Anregung. Sie könnten auch ein Motto vergeben, z. B. Preiselbeersauce und Kürbis als „Dinge, die man im Herbst isst". Oder Sie mischen getrocknete Cranberrys und frische Muskatnuss unter den Fromage Facile (S. 43) und machen daraus einen köstlichen Bagelaufstrich? Das passt z. B. hervorragend zu einem Herbst-Brunch. Oft lasse ich mich von einer bestimmten Person und deren kulinarischen Vorlieben inspirieren, aber auch von Feiertagen, Saisonangeboten, Süßspeisen, herzhaften Snacks, internationalen Gerichten, anderen Käsesorten oder gar Farben. Hat man erst einmal den Bogen raus, macht es unwahrscheinlich viel Spaß – und die Möglichkeiten sind wirklich endlos!

Festen Käsebruch formen

Soll fester Käse wie Chivo Fresco (S. 75), Curry-Panir (S. 67) oder der Smoky Cheater (S. 103) nicht gleich zum Kochen verwendet werden, kann man ihn auf viele tolle Arten präsentieren. Einige der Techniken hier dauern nicht länger als die Vorschläge im jeweiligen Rezept, bei anderen kann man sich richtig austoben. Am besten widmen Sie sich diesen Optionen, wenn Sie wirklich Zeit haben.

Bei meinen Rezepten müssen Sie nicht extra professionelle Käseformen und Pressen kaufen. Sehen Sie sich einfach in Ihrer Küche um und stellen Sie sich Ihren Käse in den Ausstechförmchen, Messbechern, Muffin-Formen, Sushi-Matten und sogar essbaren „Formen" wie roten Paprikaschoten vor.

FORMEN

Falls Sie den Triple Pepper Hack (S. 129) oder den Smoky Cheater (S. 103) bereits ausprobiert haben, wissen Sie ja, wie man einen Käse ganz einfach in Form bringt. Betrachten wir die Prozedur noch einmal:

ZUBEHÖR

- **Kleiner Messbecher (oder anderer fester Behälter)**
- **Seihtuch, Frischhaltefolie oder Backpapier (optional)**

ZUBEHÖR

- **Fester Käsebruch**

1 Den warmen, gesalzenen Käsebruch in die Form der Wahl geben. Diese vorher mit einem Stück Tuch, Frischhaltefolie oder Backpapier auslegen – so lässt sich der Käse ganz einfach lösen. Anschließend locker mit Back- oder Wachspapier abdecken.

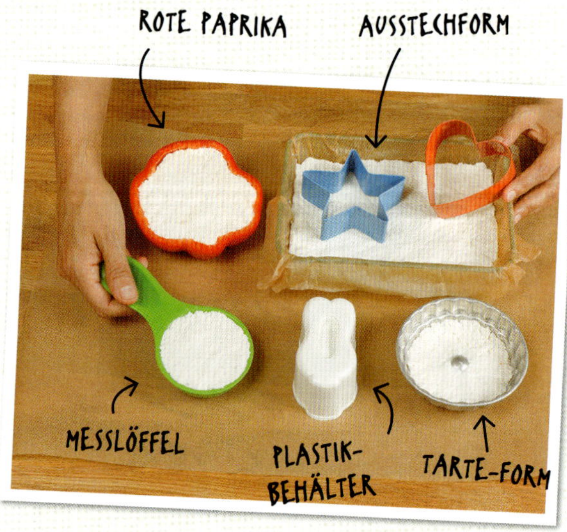

2 Den Käsebruch fest in die Form drücken. Anschließend 10–15 Minuten im Gefrierfach kühlen. So behält der Käse seine Form.

3 Den fertigen Käse auf die Arbeitsfläche stürzen oder ggf. mithilfe des Tuchs/Papiers aus der Form holen.

VOILÀ! DER MESSLÖFFEL ERZEUGT EIN HÜBSCHES KÄSERAD.

VARIATIONEN UND ALTERNATIVEN

- Probieren Sie neben der Paprika weitere essbare Formen aus. Geeignet sind z. B. Gurken, Fleischtomaten, Äpfel, Birnen, Feigen oder Pflaumen, die einfach mit einem scharfen Messer ausgehöhlt und mit dem Käse der Wahl gefüllt werden. Am besten schmecken die fertigen Produkte, wenn man sie in Scheiben schneidet, damit die Kombination der Aromen und Farben zur Geltung kommt.
- Verwenden Sie verschiedene lebensmittelechte Formen. Messlöffel produzieren mundgerechte Happen, Schüsseln eignen sich perfekt für große Käseräder.

SCHNEIDEN

Der traditionelle Käselaib ist immer eine schöne Art, seinen hausgemachten Käse zu präsentieren – dieser muss jedoch keineswegs immer rund oder viereckig sein. Über einen sternförmigen Käse im Lunchpaket freut sich jeder, aber das ist längst noch nicht alles. Beim Schneiden von Käse (nicht zu verwechseln mit dem Aufschneiden) sind die Möglichkeiten mindestens ebenso vielfältig wie beim Formen. Verwenden Sie u. a. Plätzchenausstecher, Messer, Becher, um aus dem festen Käse raffinierte Formen zu schnitzen.

Das ist übrigens auch eine gute Möglichkeit der Resteverwertung. Nehmen Sie dazu einfach ein Käsestück, das mindestens 3 cm dick und so groß wie die jeweilige Form ist.

ZUBEHÖR

- **Flache Glasschale**
- **Back- oder Wachspapier**
- **Ausstechform, Becher, Messer usw.**

ZUTATEN

- **Fester Käsebruch**

1 Den frischen, warmen Käsebruch in die Form geben und leicht andrücken. Die Schicht sollte ca. 3 cm dick und die Oberfläche möglichst ebenmäßig sein. Zugedeckt mindestens 2 Stunden im Kühlschrank ruhen lassen.

4 Falls nötig, den Käse vorsichtig mit den Fingern aus der Form lösen. Klebt der Käse, die Form in Öl oder Wasser tauchen.

2 Die feste Käsemasse anschließend auf die Arbeitsfläche legen. Die Anordnung der Ausstechformen genau planen, damit kein Käse verschwendet wird.

3 Die Förmchen in die Käsemasse drücken und vorsichtig hin und her bewegen, damit sie sich leichter lösen lassen.

5 Mit einfachen Plätzchenausstechern lassen sich originelle Käsestücke produzieren (Förmchen mit vielen Details eignen sich nicht). Käsereste einfach klein schneiden und zu Käsewürfeln mit Olivenöl und Kräutern (S. 204) verarbeiten.

VARIATIONEN UND ALTERNATIVEN

Wie beim Plätzchen backen ist auch beim Käse das Ausstechen nur der erste Schritt. Dekorieren Sie Ihre Kreationen mit Kräutern, Gewürzen, essbaren Blüten, Trockenfrüchten und frischem oder eingelegtem Gemüse. (Sehen Sie, wie die Pfefferkorn-Augen und Rosmarin-Barthaare den Käsehasen zum Leben erwecken?) Bestreuen Sie ein Käseherz mit zerstoßenem rosa Pfeffer oder verzieren Sie die Ecken eines Sterns mit spitzen Kräuterblättern. Folgen Sie Ihrem inneren Kind (oder lassen Sie sich von einem helfen). Auf S. 206 gibt es weitere Tipps zu den Gewürzen und Formen.

Weichen Käsebruch formen

Weichen Käsebruch bringt man ähnlich in Form wie festen; durch seine zarte Konsistenz muss man allerdings etwas vorsichtiger vorgehen. So muss er meist nicht angedrückt werden (aber darauf achten, dass sich keine Blasen oder Löcher bilden).

Bei der Suche nach passenden Formen für weichen Käse sollten Sie solche auswählen, die einfacher zu handhaben sind. Messlöffel, Papierförmchen, Backpapier oder auch Sushi-Matten eignen sich gut – probieren Sie es einfach aus.

Der Käse lässt sich kalt leichter formen, deshalb sollte er nach dem Abtropfen 10–15 Minuten im Gefrierfach ruhen. Anschließend rühren Sie den Käse mit dem Löffel vorsichtig durch, damit er eine schöne glatte Konsistenz bekommt.

DIE KLASSISCHE KÄSEROLLE

Eine Käserolle lässt sich zwar auch mit einfachem Backpapier oder bloßen Händen formen, mithilfe einer Sushi-Matte wird sie jedoch gleichmäßiger – und erhält dazu ein cooles Bambusmuster. Eine lohnenswerte, aber kleine Investition.

ZUBEHÖR

- **Back- oder Wachspapier**
- **Sushi-Matte aus Bambus**
- **Löffel**

ZUTATEN

- **Weicher Käse**

3 Das Backpapier mit dem Käse zusammenrollen.

1 Back- oder Wachspapier auf die Sushi-Matte legen.

2 Den Käse auf der kürzeren Seite der rechteckigen Matte verteilen, ca. 5 cm vom Rand entfernt.

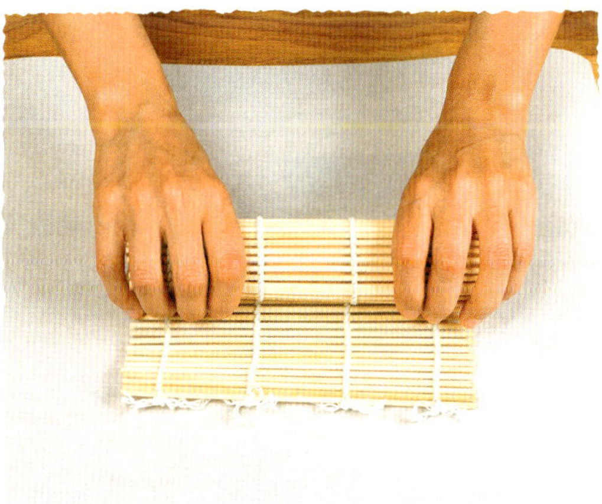

4 Die Matte nun fest um die Papierrolle wickeln. Dabei gleichmäßig Druck ausüben.

5 Die Käserolle vorsichtig auswickeln und ggf. glätten (die Enden nicht vergessen). Der Käse kann nun nach Wunsch in Gewürzen, gehackten Kräutern, Nusssplittern, fein gewürfeltem Trockenobst oder essbaren Blüten gewälzt werden (siehe S. 206).

KÄSEPRALINEN

In verschiedenen farbenfrohen Zusätzen gewälzt sind diese kleinen Häppchen die Schmuckstücke jeder Vorspeisenplatte. Sie können die Kugeln wie beim Französischen Ziegenkuss (S. 49) von Hand formen oder mit einem Kugelformer portionieren und in Pralinenförmchen anrichten.

ZUBEHÖR

- **Pralinenförmchen**
- **Kugelformer**

ZUTATEN

- **Weicher Käse**

1 Mit dem Kugelausstecher oder einem kleinen Messlöffel den Käse ausstechen.

2 Sanft in die Form drücken, damit keine Luftblasen entstehen.

3 Die Kugel in ein Pralinenförmchen geben. Den Vorgang wiederholen, bis der Käse aufgebraucht ist. Die Käsebällchen können nun nach Wunsch dekoriert werden.

KÄSELAIB
(Seite 184)
KÄSE AUS PLÄTZCHENFORMEN
(Seite 186)
KLASSISCHE KÄSEROLLE
(Seite 188)
KÄSEPRALINEN
(Seite 190)
BOCCONCINI
(Seite 192)
FEUERRÄDER
(Seite 195)
RAVIOLI
(Seite 197)

Schnurkäse formen

Sie kennen bereits einige grundlegende Methoden, wie man Schnurkäse formt – vom Burrata (S. 171) über den Chipotle-Limetten-Oaxaca (S. 161) bis hin zum Lieblingsmozzarella (S. 137). Folgendes Kapitel richtet sich an Fortgeschrittene!

BOCCONCINI

Natürlich könnten wir auch einfach einen Mozzarella würfeln, in Vinaigrette marinieren und als Vorspeise auftischen, aber diese Methode hier ist den Aufwand wirklich wert, wenn Sie perfekte Bocconcini (italienisch für „kleine Häppchen") servieren möchten. Besonders schön sehen sie aus, wenn man sie zusätzlich in einem hübschen Schraubglas mariniert. Sie können einfachen oder bereits gewürzten Käse verwenden.

ZUBEHÖR

- Back- oder Wachspapier (etwas länger als der Käse)
- Küchengarn (doppelt so lang wie der Käsestrang)

ZUTATEN

- 1 Strang Lieblingsmozzarella (S. 137)

1 Aus dem Mozzarella einen Strang wie beim Pizza Filata (S. 137–149) vorbereiten.

4 Das lange Stück Schnur ca. 3 cm vom Ende entfernt um die Käserolle wickeln.

2 Den Käse in die Mitte des Papiers legen und fest zusammenrollen. Die Enden fest zudrehen.

3 Ein Ende der Rolle so mit der Schnur zubinden, sodass ein langes Stück Schnur übrig bleibt.

DAS PAPIER FESTHALTEN!

5 Das Schnurende unter der Schlaufe durchziehen, sodass ein einfacher Knoten entsteht.

6 Den Knoten fest zuziehen, sodass der erste Bocconcini-Happen fast vollständig abgetrennt wird. Die ganze Sequenz ca. 3 cm vom ersten Bocconcini entfernt wiederholen.

7 Die Sequenz wiederholen. Auf möglichst gleichmäßige Abstände achten.

8 Den letzten Knoten gut festzurren und dann das Wunderwerk bestaunen!

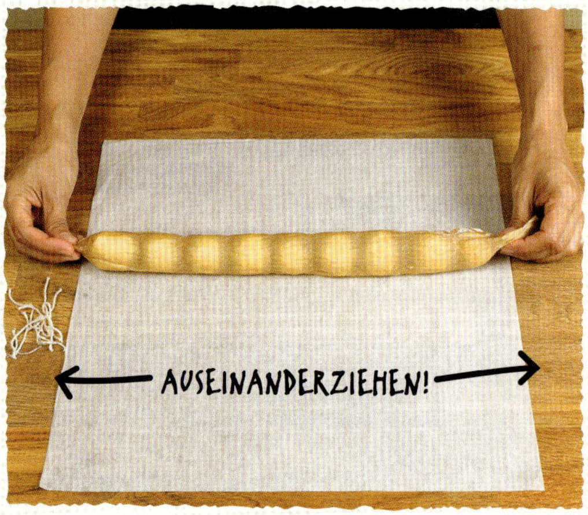

9 Die Schnur abschneiden und die Enden des Papiers auseinanderziehen.

10 Den Käse auswickeln – die Bocconcini sind nun bereit für die Marinade, Kräuter oder Knoblauch. Als tollen Showeffekt für die Party könnten Sie den Käse vor den Gästen auspacken!

FEUERRÄDER

Sollte jemand unter Ihren Freunden kein Gluten vertragen, wird er sich bestimmt über diese Vorspeise freuen. Die Feuerräder eignen sich aber auch gut als Beilage à la Caprese oder, je nach Füllung, auch als Hauptgericht. Probieren Sie es einmal mit Parma-Schinken, gegrillter Zucchini, Tapenade ... Die Möglichkeiten sind nahezu grenzenlos!

ZUBEHÖR

- **Back- oder Wachspapier (etwas größer als der Käse)**

ZUTATEN

- **Ovales Mozzarella-Blatt (siehe Anweisung bei der Burrata, S. 171)**
- **Für die Füllung: Basilikumblätter, sonnengetrocknete Tomaten, Rucola usw.**

1 Den Käse auf das Papier legen und die Zutaten bereitstellen. (Achtung: Bei öligen oder feuchten Zutaten lassen sich die Spiralen schlecht verschließen.)

2 Die Zutaten für die Füllung auf dem Käse verteilen, die Ränder jedoch frei lassen.

3 Den Käse von einer langen Seite her fest aufrollen, sodass die Füllung darin eingeschlossen wird. Im Zweifelsfall das Papier zur Hilfe nehmen.

4 Den Käse weiter rollen. Darauf achten, dass keine Füllung austritt. Die Rolle anschließend in das Papier wickeln.

5 Den Käse beim Rollen fest zusammendrücken; die Rolle soll schön gleichmäßig werden.

6 Die fertige Käserolle auswickeln und in 3–5 cm dicke Scheiben schneiden.

7 Auf einem Teller anrichten und servieren.

GUTEN APPETIT!

RAVIOLI

Gibt es etwa jemanden, der keine Ravioli mag? Diese weichen Pastawölkchen mit ihrer köstlich-cremigen Füllung? Ich wüsste nicht einmal, wie man sie noch verbessern konnte ... Halt, doch, natürlich. Warum ersetzt man den Nudelteig nicht einfach durch Käse? Mit den Lieblingszutaten füllen, Sauce darüber gießen und fertig! Die gleiche Methode lässt sich übrigens auch auf ähnliche Delikatessen wie Frühlingsrollen, Empanadas, Piroggen, Jiaozi, Maultaschen usw. anwenden.

ZUBEHÖR

- **Backpapier**
- **Messer, Raviolistempel oder Pizzaroller**
- **Teelöffel**

ZUTATEN

- **2 „Blätter" Mozzarella (Lieblingsmozzarella, S. 137)**
- **250 g Füllung nach Wahl (z. B. sautierter Spinat mit Champignons, sonnengetrocknete Tomaten und Basilikum, Reste des Schinken-Omeletts, gegrillte Paprika und Zwiebeln, Tapenade, Wurst und Oliven usw.)**

Hinweis: 20 x 15 cm ist die optimale Größe für 2 Personen.

1 Die Mozzarellablätter auf das Papier legen und flach drücken (ca. 5 mm dünn). Jedes Blatt in 6 Teile teilen, aber nicht ganz durchschneiden. (Falls Sie zufälligerweise eine Ravioliform besitzen, legen Sie 1 Blatt Käse hinein.)

2 Auf jeden Abschnitt 1 TL Füllung geben (weniger Füllung für Mini-Ravioli, mehr Füllung für große Käsetaschen).

3 Das zweite Käseblatt vorsichtig auf das erste legen.

4 Die Teigränder sowie die Trennlinien zwischen den einzelnen Ravioli-Taschen sorgfältig zusammendrücken."

DIE TRENNLINIEN FEST ZUSAMMENDRÜCKEN.

5 Die Ravioli mit einem Messer oder Pizzaroller entlang der Trennlinie abschneiden und die Ränder stutzen. Mit der Gabel ein Muster in die Ränder drücken (was die Käsetaschen zusätzlich verschließt).

6 Gleich aus der Hand essen oder mit Tomatensauce bzw. Pesto wie normale Ravioli aus Pasta-Teig genießen. Achtung: Es handelt sich um leicht schmelzenden Käse, nicht um Pasta. Die Sauce sollte deshalb warm, aber nicht heiß sein!

Käse verpacken

Die Käsemacher sind ein kreatives Völkchen. Französischer Ziegenkäse wird zur zusätzlichen Aromatisierung in alkoholgetränkte Weinblätter gewickelt, Burrata wird zum Aufbewahren und Servieren in Palmblättern verpackt usw. Doch dies sind nur zwei Möglichkeiten. Nutzen Sie Mangoldblätter, Nori (Meeresalgen), Maisblätter oder auch eingelegte Weinblätter (alkoholfrei). Versuchen wir es mit Weinblättern.

1 Die Weinblätter auf dem Papier so anordnen, dass keine Löcher entstehen.

ZUBEHÖR

- **Backpapier (bzw. eine glatte Arbeitsfläche)**

ZUTATEN

- **3 eingelegte Weinblätter**
- **1 kleiner Käse**

Frische Salbeiblätter oder andere Kräuter (opt.)

WEINBLÄTTER KANN MAN Z.B. IN TÜRKISCHEN SUPERMÄRKTEN KAUFEN.

2 Den Käse in die Mitte legen (ich habe ihn mit einem Salbeiblatt garniert) und die Blätter nun darüber zusammenfalten.

3 Falten, bis ein hübsches Päckchen entstanden ist.

HINWEIS: In einem geschlossenen Behälter können sie den Käse im Kühlschrank mindestens 1 Tag aufbewahren (oder länger, wenn Sie die grünliche Farbe und der merkwürdige Geschmack nicht stören).

4 Das Päckchen umdrehen, sodass die Blattrippen sichtbar sind. Fertig! Der Käse kann frisch gegessen oder mit etwas Olivenöl bepinselt und leicht angegrillt werden. Die Weinblätter isst man natürlich mit – sie sind köstlich!

VARIATIONEN UND ALTERNATIVEN

- Die Käsepäckchen mit Schalottenschleifen, Kräutern, essbaren Blüten oder Chilis dekorieren. Im Notfall mit versteckten Zahnstochern zusammenhalten (diese vor dem Essen entfernen!)

AB AUF DEN GRILL!

BOCCONCINI IN KRÄUTERÖL
(Seite 204)
Thank You!
KÄSEPÄCKCHEN
(Seite 199)

ESSBARE BLÜTEN
(Seite 206)
GETROCKNETE KRÄUTER UND GEWÜRZE
(Seite 208)
SCHICHTEN
(Seite 210)

DER GESCHMACK:
Kräuter, Gewürze und essbare Blüten

Herzhafte Zusätze wie Kräuter, Gewürze und essbare Blüten dienen sowohl zur Dekoration des Käses als auch zur Verfeinerung seines Geschmacks. Käse soll ja nicht nur hübsch aussehen – der wahre Charakter steckt im Inneren. Dank der folgenden Tipps lernen Sie Ihren Kräutergarten besser kennen und können dieses Wissen aufs Käsemachen übertragen.

Olivenöl und Kräuter

Jeder Käse, der nach dem Schneiden seine Form behält, eignet sich für das Einlegen in mit Knoblauch und Kräutern angereichertem Olivenöl. Das ergibt eine köstliche Vorspeise, eignet sich aber auch als Gastgeschenk. Zusätzlich konserviert es den Käse im Kühlschrank für ca. 5 Tage und ist eine gute Möglichkeit zur Verwertung von Käseresten. Variieren Sie die Kräuter und Aromen je nach Saison.

HINWEIS: Pizza Filata (S. 151), Chivo Fresco (S. 75) und der Triple Pepper Hack (S. 129) sind alle gut geeignet, ebenso wie jeder andere feste Käse.

ZUBEHÖR

- **Messer**
- **Schraubglas (300 ml)**

ZUTATEN

- **Ca. 60 g fester Käse**
- **2 Zweige oder 5 Blätter frische Kräuter oder ½ TL getrocknete Kräuter**
- **1–2 Knoblauchzehen (nach Geschmack)**
- **10 bunte Pfefferkörner**
- **1 Prise Salz**
- **125 ml Natives Olivenöl Extra**

1 Das Zubehör bereitlegen und den Käse in ca. 2 cm große Würfel schneiden.

4 Der gesamte Inhalt sollte mit Öl bedeckt sein.

2 Alle Zutaten abwechselnd im Glas aufeinanderschichten und mit einer Prise Salz bestreuen.

3 Vorsichtig das Olivenöl einfüllen.

5 Das Glas zuschrauben und im Kühlschrank mindestens 4 Stunden ruhen lassen, damit sich die Aromen voll entfalten können. Je länger der Käse im Öl zieht, desto intensiver wird der Geschmack.

HINWEIS: Den Käse luftdicht in Öl einzulegen verlängert seine Haltbarkeit. Im Gefrierfach wird das Öl milchig, aber nach ca. 15 Minuten wird es wieder klar.

Essbare Blüten und ganze Kräuter

Neben den Gartenkräutern, die wir alle kennen, sind wir auch von essbaren Blüten umgeben.

Lavendel, Salbei, Thymian, Schnittlauch, Wicke, Rucolablüten und Miniaturrosen (in vielen bunten Farben) findet man meist problemlos. Falls Sie selbst keinen Garten haben, können Sie sich einmal in der Nachbarschaft umsehen. Wenn Sie dort etwas Brauchbares entdecken, einfach den Nachbarn fragen – wer tauscht nicht gern Blüten und Kräuter gegen frischen Käse? Erkundigen Sie sich allerdings vorher, ob der Nachbar in seinem Garten Insektizide versprüht, und sammeln Sie immer oberhalb des Hundelevels ... Sammeln Sie bevorzugt frische Kräuter wie Salbeiblätter, Rosmarin, Basilikum, Minze, Rucola, Erbsenschößlinge, Dill, Fenchelgrün und Spargelkraut.

Dank dieser wunderbaren Farbtupfer eröffnen sich Ihnen ganz neue Deko-Welten, die ziemlich romantisch und manchmal geradezu atemberaubend schön sind.

ZUBEHÖR

- **Backpapier (und eine glatte saubere Arbeitsfläche)**

ZUTATEN

- **Verschiedene frische Kräuter und Blüten**
- **1 Käselaib, weich oder fest**

1 Wählen Sie die Blüten und Kräuter aus, wie ein Maler seine Farben wählt. Hier sehen Sie Rosenblüten, Spargelkraut und winzige Blätter Bergamotte-Minze.

4 Nutzen Sie einfach die Feuchtigkeit des Käses als Klebstoff. Runden Sie die Dekoration mit etwas frisch gemahlenem Pfeffer und Honig oder zerstoßenen Pistazien und Kardamom ab. Ich verwendete ein Stück Spargelkraut und Minzblätter.

SKIZZIEREN SIE IHREN ENTWURF VORHER.

2 Verkosten Sie Ihre Auswahl zusammen mit etwas Käse, damit Sie mit den Aromen vertraut werden. Die Kräuter sollen den Käse geschmacklich ergänzen.

3 Den Käse auf die Arbeitsfläche legen und die Blüten bzw. Kräuter rundherum sanft andrücken.

HINWEIS: Ist der Käse sehr heiß, welken die Blüten und Kräuter. Ansonsten spielt die Temperatur keine Rolle.

5 Richten Sie den Käse zusammen mit anderen dekorierten Käselaiben als Minigarten auf einem Teller an. Weniger ist mehr, wie etwa bei dem Chèvre mit Thymianblüten (oben) oder dem Mozzarella mit Blüten und einem Erbsenschößling (links).

VARIATIONEN UND ALTERNATIVEN

- Große essbare Blüten wie die der Zucchini kann man mit Käse füllen. Man kann sie in Backteig frittieren (großartig!) oder einen kleinen Käse darin einwickeln (siehe Weinblätter, S. 199 f.).

Getrocknete Kräuter und Gewürze

Käse kann man auf vielerlei Art eindrucksvoll präsentieren. Falls Sie essbare Blüten und frische Kräuter nicht mögen, wie wäre es dann einmal mit getrockneten Kräutern aus dem Gewürzregal? Egal, ob Sie den Käse damit ummanteln oder ihn mit einer Lage Kräuter füllen (S. 210) – frisch gemahlener schwarzer Pfeffer, Oregano, Basilikum, Lavendel, Kümmel und verschiedene Salzsorten sind wundervolle Verzierungen für Ihren Weichkäse.

LECKER UMHÜLLT

Ihr Käse kann mit allerlei kleinen Leckereien verschönert werden. Umhüllen Sie die Käserollen, -laibe oder sonstige Formen mit den oben genannten Kräutern, Gewürzen oder Salzen oder entscheiden Sie sich für etwas ganz Anderes. Intensive Gewürze wie Paprikapulver mit Raucharoma und Zimt oder auch gehackte Nüsse (z. B. Pekan oder Pinienkerne) verleihen dem Käse besondere Farbe, Konsistenz und Geschmack.

ZUBEHÖR

- **Backpapier**

ZUTATEN

- **Weiche abgekühlte Käserolle oder kleiner Laib (siehe Partyrolle, S. 188, noch im Papier, oder Käsepralinen, S. 190)**
- **Getrocknete Kräuter (Oregano, Basilikum, Lavendel usw.)**

BACKPAPIER = SCHNELLES AUFRÄUMEN!

1 Das Backpapier auf die Arbeitsfläche legen. Eine großzügige Menge getrockneter Kräuter darauf verteilen.

4 Die Käse-Enden mit Kräutern bestreuen und leicht andrücken.

2 Die Käserolle vorsichtig auswickeln und auf die Kräuter legen.

3 Sanft in den Kräutern hin und her rollen, sodass die gesamte Oberfläche davon bedeckt wird.

5 Sobald Sie mit dem Aussehen zufrieden sind, kann die Party losgehen (d. h., der Käse ist bereit zum Servieren).

VARIATIONEN UND ALTERNATIVEN

- Benutzen Sie verschiedene Weichkäsesorten als „Leinwand".
- Umhüllen Sie den Käse abschnittsweise mit verschiedenen Gewürzen.

AROMASCHICHTEN

Blauschimmeladern in französischem Käse sind schon etwas Besonderes. Diese Adern lassen sich mit fein gehackten Kräutern und Gewürzen ganz einfach imitieren.

ZUBEHÖR

- **Löffel**
- **Käseform**

Hinweis: Ich verwende hier echte, halb durchsichtige Käseformen, damit Sie die Schichten sehen können. Jedes andere Gefäß eignet sich aber auch.

ZUTATEN

- **Weicher Käsebruch**
- **Getrocknete Kräuter (hier: Dill)**

1 Eine Hälfte des Käsebruchs in die gewählte Form geben. Dies wird später die Oberseite.

ALS WÜRDEN SIE EINE KUCHENFORM BEMEHLEN.

ZOOM

Die Innenseite der Form mit dem Zeigefinger auswischen, damit an der zweiten Schicht keine Kräuter kleben

4 Beim Drehen an die Seiten der Form klopfen, sodass die Kräuter den Käse gleichmäßig bedecken. Überschüssige Kräuter herausklopfen.

5 Die Kräuterschicht mit dem restlichen Käse bedecken. Diese Schicht sollte so dick sein wie die erste. Nun alles fest andrücken.

2 Den Käse mit dem Löffel glätten und für die Kräuterschicht vorbereiten.

3 Eine dünne Schicht Kräuter auf den Käse streuen. Diese Schicht sollte gut sichtbar, aber nicht zu dick sein, da sonst die zweite Käseschicht nicht haftet.

6 Die Oberfläche glatt streichen und den Käse dann auf einen Teller stürzen.

VARIATIONEN UND ALTERNATIVEN

- Gewürfelte Trockenfrüchte wie Aprikosen, aber auch geschnittene Oliven oder gemahlener Gewürz-Sumach (hier zu sehen im kleinen Käserad) eignen sich gut für die Schichtmethode.

Kapitel 4

DIE EIGENE KÄSEPLATTE

KOMBINATIONEN UND BEILAGEN

Im Grunde ist Käse pur bereits ein nahezu perfekter Imbiss; nichtsdestotrotz lohnt sich der Aufwand für die Beilagen eigentlich immer. Sie ergänzen den Käse durch den Kontrast in der Konsistenz, ihre Saftigkeit und Frische, pikant-salzige Trockenheit usw. So wird aus einem einfachen Snack ein kulinarisches Erlebnis. Zudem bietet ein ausgewogener Beilagenteller die Möglichkeit, zwischen den unterschiedlichen Käsesorten die Geschmacksknospen zu neutralisieren, sodass man immer wieder aufs Neue das Erlebnis des ersten Bissens genießen kann.

Nehmen wir einmal an, Sie haben einen Käse gemacht und wollen jetzt nur noch raus aus der Küche – die folgenden köstlichen Beilagen lassen sich alle in kürzester Zeit zusammenstellen und servieren. Kann es losgehen?

VERFEINERN: Gekauftes ganz einfach individualisieren

In weniger als 10 Minuten können Sie aus einfachen Dingen, die in Ihrem Kühlschrank oder der Speisekammer lagern, wunderbare Beilagen zu Ihrem hausgemachten Käse zaubern. Perfekt, wenn plötzlich Gäste ohne Vorankündigung vor der Tür stehen!

Raffinierte Nüsse

Nüsse kann man mit einer Kombination aus zahlreichen Kräutern, Gewürzen, Salzen, Ölen oder gar Honig aufwerten. Nutzen Sie die Mengen in den Rezepten als Anhaltspunkt und passen Sie diese nach Geschmack an. Vorsicht mit sehr intensiven Gewürzen wie Cayennepfeffer! Die Mandeln mit Meersalz und Rosmarin passen gut zu fast jedem Käse. Besonders gut finde ich den Kontrast aus knackig-salzigen Nüssen und mild-cremigem Käse wie dem Fromage Facile (S. 43).

TIPP! Nüsse sollte man am besten im Gefrierfach aufbewahren, da sie schnell ranzig werden. So haben Sie immer einen Vorrat zur Hand.

MEERSALZ-ROSMARIN-MANDELN

Ergibt 4–6 Portionen

ZUTATEN

- **Ca. 250 g Mandeln (geröstet und gesalzen)**
  Hinweis: Spanische Marcona-Mandeln sind besonders köstlich!
- **1-2 TL Natives Olivenöl Extra**
- **2 TL frische Rosmarinnadeln, fein gehackt**
- **Meersalzflocken nach Geschmack**

1. Die Mandeln mit 1 TL Öl in eine Schüssel geben und darin schwenken.
2. Sollten einige Mandeln trocken bleiben, etwas Öl hinzugeben. (Sie sollten aber nicht tropfnass werden.)
3. Rosmarin und Salz hinzugeben und alles sorgfältig mischen, damit die Mandeln vollständig bedeckt sind.

Optional: Sollte mehr Zeit sein, servieren Sie die Nüsse warm! Dafür den Ofen auf 180 °C vorheizen und die Mandeln auf Backpapier ca. 5 Minuten backen. Sie sollen nur warm sein, nicht bräunen. (Achtung: Verschiedene Nusssorten brauchen unterschiedlich lange. Kürbiskerne knacken beim Rösten, also nicht erschrecken! Gut aufpassen, dass die Nüsse nicht verbrennen.)

ANDERE SERVIERVORSCHLÄGE

- Haselnüsse, Kakaopulver, Chilipulver, Meersalz, Haselnussöl
- Pekannüsse, frisch gemahlener schwarzer Pfeffer, Meersalz, Honig (statt Öl)
- Walnüsse, Zimt, Cayennepfeffer, Meersalz, Ghee
- Kürbiskerne, Currypulver, Zitronenschale, Meersalz, Olivenöl

DIE 5-MINUTEN-KÄSEPLATTE

Haben Sie die Kollegen nach der Arbeit zu einer Käseverkostung eingeladen? Durchstöbern Sie die Küche nach Nüssen, Oliven oder eingelegtem Gemüse, Trockenfrüchten wie Datteln, Feigen und Pflaumen, Honig und Konfitüre sowie frischem Obst wie Trauben, Beeren oder Apfelscheiben. Das alles passt hervorragend zu Käse. Richten Sie die Beilagen auf einem Servierteller an und geben Sie den Käse dazu. Das ist einfach, geht schnell und sollte allen schmecken.

AB INS GEWÜRZBAD!

GEGRILLTER HALLOUMI
(Seite 93)
MEDITERRANE OLIVEN
(Seite 217)
JICAMA
CHIPS
(Seite 218)
MEERSALZ-ROSMARIN-
MANDELN
(Seite 214)
DATTELN MIT
WALNUSSFÜLLUNG
(Seite 217)

Frucht- und Nusshappen

Ursprünglich wurden Früchte getrocknet, damit sie länger haltbar sind. Heute macht sie das zu einem perfekten Partysnack. Lagern Sie einfach verschiedene Trockenfrüchte ein, so haben Sie stets eine Beilage zum Käse. Diese herzhaft-süßen Datteln passen z. B. perfekt zu Burrata mit Nussbutter (S. 171) oder dem Französischen Ziegenkuss (S. 49).

DATTELN MIT WALNUSSFÜLLUNG

Ergibt 4–6 Portionen

ZUTATEN

- **8 Medjool-Datteln**
- **Meersalzflocken**
- **16 große Walnusskerne (ungesalzen)**

1. Die Datteln halbieren und den Stein entfernen.
2. Mit der Öffnung nach oben auf einen Teller legen und ggf. mit Meersalz bestreuen.
3. In jede Dattelhälfte ein Stück Walnuss drücken. Fertig!

VARIATIONEN UND ALTERNATIVEN

- Versuchen Sie die Kombination aus getrockneten Aprikosenhälften, gerösteten/gesalzenen Cashewkernen und frisch gemahlenem Pfeffer oder
- getrockneten Feigenhälften, gerösteten/gesalzenen Mandeln und gehacktem Thymian.
- Etwas mehr Zeit? Die Frucht-Nusshappen in Bacon einwickeln und mit einem Zahnstocher befestigen. Bei 180 °C ca. 15 Minuten backen, bis der Bacon knusprig ist.

MEDITERRANE OLIVEN

Für 4 Portionen

Sie sollten stets 1–2 Gläser Oliven im Kühlschrank haben – Oliven werden nicht schlecht und passen ideal zu festerem Käse. Nehmen Sie die Oliven kurz vor dem Servieren heraus und mischen Sie ein paar leckere Kleinigkeiten darunter. Der libanesische Laden bei mir um die Ecke führt stets eine große Auswahl in Dosen, Gläsern oder sogar Tüten. Mediterrane Oliven passen besonders gut zu Chivo Fresco (S. 75), dem Lieblingsmozzarella (S. 137) und einfachem Panir (siehe Alternativen, S. 72).

ZUTATEN

- **Ca. 120 g Kalamata-Oliven**
- **1 TL Chiliflocken**
- **2 TL Zatar, getrockneter Thymian oder Oregano**
- **1 Spritzer Zitronensaft**
- **Natives Olivenöl Extra**

TIPP! Zatar ist eine würzige Kräutermischung aus Thymian, Sumach und gerösteten Sesamsamen. Sie wird häufig mit Olivenöl und Fladenbrot serviert.

1. Alle Zutaten in eine Schüssel geben und sorgfältig mischen.
2. Sofort servieren oder die Oliven einige Zeit im Kühlschrank marinieren.

VARIATIONEN UND ALTERNATIVEN

- Kombinieren Sie grüne spanische Oliven, Oregano, sonnengetrocknete Tomaten in Öl und schwarzen Pfeffer oder
- schwarze Oliven in Öl, gehackte frische Petersilie, Limettenschale und etwas Limettensaft.

Gemüse-Chips & Co.

Mancher Käse kommt mit einer frischen, saftigen und manchmal süßen Beilage erst richtig zur Geltung. Frisches Obst und Gemüse mag erst einmal langweilig erscheinen – dünn geschnitten und richtig kombiniert wertet es den Käse aber auf und dient als perfekte Gaumenreiniger. Je nach Konsistenz kann man das Gemüse wie einen Cracker zum Herauslöffeln des Käses benutzen. Sehen Sie sich am besten einfach meine Empfehlungen an. Rohe Gemüse-/Obstchips passen zu jedem Käse in diesem Buch, besonders gut aber zu der cremigen Burrata (S. 171) und dem Meyer-Zitronen-Ricotta (S. 35).

JICAMA-CHIPS

Ergibt 4–6 Portionen

Jicama-Chips passen perfekt zu aromatischen Käsesorten wie Triple Pepper Hack (S. 129) und Smoky Cheater (S. 103). Damit die Chips kross und lecker sind, bereiten Sie sie am besten direkt vor dem Verzehr zu.

ZUTATEN

- **Jicama oder kernlose Gurke**

1. Jicama schälen.
2. Mit einem Messer oder dem Gemüsehobel in ganz dünne Scheiben (Halbmonde oder Streifen) schneiden.

VARIATIONEN UND ALTERNATIVEN

Versuchen Sie folgende Kombinationen:

- Boscs Flaschenbirne mit einer Portion Frisch aus der Käserei (S. 123) oder Lieblingsmozzarella (S. 137),
- Radieschen mit einem Klecks Fromage Facile (S. 43) und gehacktem Schnittlauch,
- eingelegte Gurke, Rote Bete oder Kohlrabi mit Halloumi (S. 93) oder gebratenem Curry-Panir (S. 67),
- getrocknete Süßkartoffel, Tomate, Apfel oder Blutorange (wie Cracker mit Weichkäse belegen).

KÜRBISCROSTINI MIT SCHNITTLAUCH
(Seite 221)
FRANZÖSISCHER ZIEGENKUSS
(Seite 49)
SALAMI-KRÄCKER
(Seite 222)
KOCHBANANENCHIPS MIT SCHWARZEM PFEFFER
(Seite 220)
KNOBLAUCHKNÄCKEBROT MIT BUNTEM PFEFFER UND OLIVENÖL
(Seite 222)

EINS, ZWEI, DREI: 15-Minuten-Rezepte für perfekte Leckereien

Fruchtige Pasten, zarte Crostini, glänzendes Fruchtkompott und knusprige Olivenölcracker locken an jeder Käsetheke, können aber auch ziemlich ins Geld gehen. Meistens braucht man für eine hausgemachte Delikatesse nur einfache Zutaten. Mit diesen Tipps und 15 Minuten Zeit können Sie köstliche Leckereien zaubern.

Cracker, Crostini und andere knusprige Köstlichkeiten

Cracker gibt es in jeder Form, Größe und Geschmacksrichtung: Vollkorncracker, einfache Cracker zum Reinigen des Gaumens, glutenfreie Cracker und Reiscracker usw. An meiner Käsetheke gab es neulich sogar getrocknete Blutorange und grünen Apfel. Alle sind köstlich, also wählen Sie aus, was Ihnen schmeckt. Soll es aber etwas ganz Besonderes sein, probieren Sie doch einmal die folgenden Varianten aus …

TIPP! Nicht alle Kochbananen sind gleich! Verwenden Sie reife gelbe oder braune Früchte, schmeckt das Ergebnis süß-karamellig und ist ziemlich weich. Das passt toll zu Ricotta, ist aber eher Beilage als Cracker. Für Cracker brauchen Sie grüne Kochbananen.

KOCHBANANEN-CRACKER MIT SCHWARZEM PFEFFER

ERGIBT 4 PORTIONEN

Diese Cracker sind meine Favoriten. Sie müssen sie unbedingt einmal ausprobieren! Die Cracker schmecken ähnlich wie lateinamerikanische Tostones.

ZUTATEN

- **1 große grüne Kochbanane**
- **4 EL Kokosöl oder Ghee (siehe S. 240) zum Braten**
- **Meersalz nach Geschmack**
- **Schwarzer Pfeffer, frisch gemahlen**

1. Die Banane schälen und in sehr dünne Scheiben schneiden.

2. So viel Öl in einer gusseisernen Pfanne bei mittlerer Hitze erhitzen, bis der Boden bedeckt ist. Nach Bedarf mehr Öl dazugeben.

3. Die Kochbananenkräcker auf beiden Seiten goldbraun braten (ca. 2 Minuten pro Seite).

4. Auf Papiertüchern abtropfen lassen, dann mit Salz und Pfeffer bestreuen.

KÜRBIS-CROSTINI MIT SCHNITTLAUCH

ERGIBT 4 PORTIONEN

Crostini müssen nicht aus Baguette hergestellt werden: Experimentieren Sie zur Abwechslung mit Zucchini oder Wurzelgemüse. Butternut-Kürbis ist mein Favorit, da er an den Rändern so schön karamellisiert. Dünne Scheiben werden wunderbar knusprig.

ZUTATEN

- **1 Butternut-Kürbis**
- **2 EL Kokosöl, geschmolzen**
- **Meersalz nach Geschmack**
- **2–4 TL Schnittlauch, fein gehackt**

1. Den Ofen auf 190 °C vorheizen.
2. Den Kürbis quer halbieren. Die dickere Hälfte mit den Kernen beiseitelegen (daraus können Sie später mit der gleichen Methode Kürbispommes machen). Die andere Hälfte dünn schälen und den Stiel abschneiden. Das Fruchtfleisch in sehr dünne Scheiben schneiden (am besten gelingt das mit dem Gemüsehobel).
3. Kokosöl, Salz und etwas Schnittlauch in eine Schale geben und die Kürbisscheiben darin wälzen, bis sie ganz mit Öl bedeckt sind.
4. Die Scheiben anschließend nebeneinander auf ein Backblech legen und 20 Minuten backen. Nach 10 Minuten einmal wenden. Die Crostini sind fertig, wenn sie leicht gebräunt sind. Mit dem restlichen Schnittlauch bestreuen.
5. Die Crostini abkühlen lassen und anschließend zu Meyer Zitronen-Ricotta (S. 35), Französischen Ziegenküssen (S. 49) oder einem anderen Käse Ihrer Wahl servieren.

KOMBINATIONSEMPFEHLUNGEN

Diese Methoden mit dünnen Scheiben Eichelkürbis, Süßkartoffel, Rübe, Rote Bete, Daikon-Rettich, Möhren, Lauchstreifen oder großen Salbeiblättern probieren – sie alle ergeben großartige Cracker und verleihen der Käseplatte den nötigen Biss. Mit Lauchstreifen oder Salbeiblättern lässt sich zwar kein Käse aufnehmen, aber ihr Raucharoma passt wunderbar zum Triple Pepper Hack (S. 129).

SALAMI-CRACKER

ERGIBT 4 PORTIONEN

Diese Köstlichkeit entdeckte ich eines morgens, als ich Appetit auf Bacon hatte, aber keiner im Haus war. So briet ich stattdessen Salamischeiben und siehe da: einfach, aber unglaublich lecker. Sofort fielen mir andere Verwendungsmöglichkeiten ein (siehe Salami-Taschen, S. 159). Ich empfehle Ihnen, Salami-Aufschnitt zu verwenden, da diese gleich dünn sind. Ich nehme luftgetrocknete Salami, aber gepökelte ist ebenfalls geeignet. Die Scheiben bilden hübsche kleine Schälchen, ideal zur Aufnahme von Käse.

ZUTATEN

- **12 dünne Salamischeiben**

1. Eine Pfanne erhitzen und die Salamischeiben ohne zusätzliches Fett hineinlegen.
2. Die Salami braten, bis beide Seiten knusprig braun sind. Die Scheiben werden sich beim Braten etwas wölben; die Wölbung leicht nach unten drücken. Später kann sie mit Käse, z. B. Fromage Facile (S. 43), gefüllt werden.
3. Die Scheiben anschließend auf Papiertüchern abtropfen lassen und servieren.

AUFSCHNITTEMPFEHLUNGEN

Jede Art von (ungebratenem) Aufschnitt passt gut zu einem Käseteller. Andere Optionen sind z. B. gebackener/gebratener Pancetta, Bacon oder Prosciutto, in mundgerechte Stücke zerteilt.

KNOBLAUCH-KNÄCKEBROT MIT BUNTEM PFEFFER UND OLIVENÖL

ERGIBT 4 PORTIONEN

An der Käsetheke bekommt man viele Knäckebrotsorten, aber selbst gemacht schmeckt es doch am besten.

ZUTATEN

- **1 Knoblauchzehe**
- **4 dicke Weizentortillas**
- **Natives Olivenöl Extra**
- **Meersalz**
- **Bunter Pfeffer, frisch gemahlen**

1. Den Ofen auf 180 °C vorheizen.
2. Die Knoblauchzehe schälen, halbieren und die Tortillas damit kräftig einreiben. Anschließend auf beiden Seiten mit Olivenöl bepinseln und mit Salz und Pfeffer bestreuen.
3. Auf einem Backblech ca. 15 Minuten backen; zur Halbzeit einmal wenden. Die fertigen Knäckescheiben ggf. mit weiterem Meersalz bestreuen und nebeneinander abkühlen lassen (nicht stapeln, sonst dampfen sie und werden feucht).
4. Im Ganzen servieren oder jede Scheibe in große Stücke brechen. Besonders gut passen dazu der Chivo Fresco (S. 75) und Meyer-Zitronen-Ricotta (S. 35).

KNÄCKEBROTEMPFEHLUNGEN

Baguette, Lavas, Naan und Maistortillas ergeben tolles Knäckebrot. (Man kann diese Teigwaren auch in der Pfanne toasten – Entenfett erzielt einen besonders delikaten Geschmack.) Anschließend mit Kümmelkörnern, Zitrusschale, aromatisiertem Salz oder Gewürzen wie Muskatnuss bzw. Zimt bestreuen.

SAUERKIRSCH-THYMIAN-HASELNUSS-PASTE
(Seite 226)
FRANZÖSISCHER ZIEGENKUSS
(Seite 49)
GEWÜRZFEIGEN IN ROTWEIN
(Seite 224)
SPANISCHE OLIVEN-TOMATEN-TAPENADE
(Seite 228)

Beschwipste Früchte: Rezepte und Formeln

Wahrscheinlich ist Ihnen aufgefallen, dass man heute überall Konfitüren, Kompotte, Fruchtaufstriche und -pasten in allen Regenbogenfarben kaufen kann. Dank der folgenden Formel können Sie im Handumdrehen selbst diese köstlich süßen oder herzhaften Beilagen zaubern. Verwenden Sie Kirschen, Pflaumen, Pfirsiche, Birnen, Äpfel, Trauben – was immer Sie mögen. Tauschen Sie den Alkohol und die Zutaten nach Belieben – die Möglichkeiten sind unbegrenzt.

GEWÜRZFEIGEN IN ROTWEIN

ERGIBT 4 PORTIONEN

ZUTATEN

- **2 EL Honig**
- **125 ml Rotwein nach Wahl**
- **4 frische Feigen**
- **¼ TL Zimt, gemahlen**
- **¼ TL Nelken, gemahlen**
- **¼ TL Ingwer, gemahlen**
- **¼ TL Anissamen, gemahlen**

1. Den Honig mit dem Rotwein in einem kleinen Topf verrühren.
2. Die Feigen vierteln und in eine tiefe Schale legen.
3. Die Gewürze dazugeben und alles gründlich mischen.
4. Die Feigen zum Wein geben und bei mittlerer Hitze 10 Minuten köcheln.
5. Die Feigen aus der Sauce herausheben und zu Burrata mit gebräunter Butter (S. 171) oder dem Französischen Ziegenkuss (S. 49) reichen. Als Besonderheit etwas Rotweinsauce über den Käse träufeln.

HINWEIS: Sind Feigen übrig, diese in der Rotweinsauce in einem Glasgefäß im Kühlschrank aufbewahren. Wenn sie ganz von Sauce bedeckt sind, halten sie sich monatelang und ziehen dabei kräftig durch!

SIE KÖNNEN SIE AUCH VERSCHENKEN!

FORMEL FÜR BESCHWIPSTE FRÜCHTE

Frische Früchte und Alkohol passen einfach gut zusammen. Wenden Sie die unten stehende Formel auf die Zutaten an, die verfügbar sind. Dann wandeln Sie das Ganze ab. Im Laufe der Zeit werden Ihnen zahllose Kombinationen einfallen! Von hochprozentigen Alkoholika benötigen Sie – im Gegensatz zum Wein – nur einen Spritzer. Passen Sie die Formel nach Bedarf an: Ist die Frucht zu sauer, geben Sie etwas Honig dazu; ist die Frucht sehr zart, köcheln Sie sie nur ganz vorsichtig. Ansonsten können Sie Ihrer Fantasie freien Lauf lassen ... Und die dabei entstehende Fruchtsaft-Alkohol-Mischung schmeckt auch so sehr gut!

Wählen Sie 1 oder 2 Früchte („Basis"), einen Alkohol („Sidekick") und so viele „Zugaben", wie Sie mögen. Links geht es los.

BASIS

(175–300 g)

(+ 1 EL Honig oder ähnliches, falls die Frucht nicht allzu süß ist)

Frische Feigen, weiße oder gelbe Pfirsiche, Aprikosen, Pflaumen, Birnen, Trauben, Kirschen, Erdbeeren, Himbeeren, Brombeeren, Heidelbeeren, Kaki

+

SIDEKICK

(1 Spritzer bis 125 ml)

Likör (Orange o. ä.), Limoncello, Rum, Kognak, Whiskey (nur ein Spritzer), Rotwein, Weißwein

+

ZUGABE

(¼ TL)

Frische Minze oder Basilikum, Zimtstangen oder -pulver, Nelken, Ingwer, Anissamen, frische oder kandierte Zitrusschale, frischer oder kandierter Ingwer, Balsamicoessig, Pfeffer

Frucht-Nuss-Paste: Rezepte und Formeln

Frucht-Nuss-Schnitten dürfen in keinem Delikatessengeschäft mehr fehlen. Meist werden sie als kompakter Laib oder als runder Kuchen verkauft und gern aufgeschnitten zu Käseplatten gereicht. Neben dem klassischen Feigenbrot gibt es zahlreiche Variationen mit Aprikosen, Ananas oder Äpfeln. Dank der folgenden Formel können Sie leicht Ihre eigenen Gaumenfreuden herstellen.

SAUERKIRSCH-THYMIAN-HASELNUSS-PASTE

Ergibt 4 Portionen

ZUTATEN

- **Ca. 170 g getrocknete Kirschen**
- **Ca. 70 g getrocknete Äpfel**
- **Ca. 40 g geröstete Haselnüsse**
- **½ TL frischer Thymian, gehackt**
- **1 Prise Meersalz**

1. Die Trockenfrüchte 5 Minuten in 250 ml sehr heißem Wasser einweichen. Anschließend abgießen und sorgfältig trocken tupfen.
2. Alle Zutaten in einen kleinen Standmixer (falls vorhanden) geben und zu einer gleichmäßigen Paste verarbeiten. Alternativ alles mit dem Messer in winzige Stücke schneiden. Falls es rustikaler werden soll, die Stücke etwas größer schneiden.
3. Die Mischung sollte kleben, wenn man sie zusammendrückt. Im Zweifelsfall mehr Früchte untermischen. Nun das Ganze auf ein Stück Wachs- oder Backpapier geben und mit dem Papier zu einem kleinen Bündel formen.
4. Die Papierenden fest zusammendrehen, sodass eine feste Kugel entsteht. Weiter kräftig zusammendrücken, damit eine kompakte Masse entsteht, und diese dann auf der Arbeitsfläche zu einem runden Laib platt drücken.
5. Den fertigen Laib auswickeln und auf dem Wachspapier servieren. Soll er in Scheiben geschnitten auf dem Käseteller angerichtet werden, zuvor mindestens 30 Minuten im Kühlschrank fest werden lassen.

FORMEL FÜR FRUCHT-NUSS-PASTE

Entscheidend ist, dass der Fruchtanteil stets höher ist als der Nuss- oder Samenanteil, damit die Fruchtschnitte zusammenhält.

HINWEIS! Die Nüsse rasch in einer trockenen Pfanne rösten, während das Obst einweicht. Das intensiviert das Aroma enorm.

Wählen Sie 1 oder 2 Zutaten aus jeder Spalte und folgen Sie dem Rezept auf der nächsten Seite. Alle Angaben sind nur Anregungen – verwenden Sie, was Ihnen schmeckt.

BASIS
(175–300 g)

Rosinen (goldene und rotbraune), getrocknete Kirschen, Blaubeeren, Kaki, Mango, Aprikosen, Pflaumen, Feigen, Äpfel, Birnen, Ananas, Banane

SIDEKICK
(65 g)

Geschälte und geröstete Haselnüsse, Walnüsse, Cashewkerne, Pistazien, Mandeln, Macadamia-, Para- oder Pekannüsse, Sonnenblumen- oder Kürbiskerne

ZUGABE
(1/2 TL)

Frische Minze, Thymian oder Rosmarin, Anis- oder Kümmelkörner, getrocknete Pfefferkörner oder Meersalz, Zitrusschale, Ingwer oder Kakaobruch

Tapenade: Rezept und Formel

Die Tapenade ist eine salzig-würzige Paste, die wie viele beliebte Würzmittel (Pesto, Salsa usw.) in zahlreichen Variationen hergestellt werden kann. Sie verwandelt alltägliche Leckereien in wahre Köstlichkeiten – nicht nur Käse, sondern auch Backkartoffeln, Fisch oder Sandwiches. Die traditionelle südfranzösische Tapenade besteht in erster Linie aus entsteinten Oliven, Kapern und Anchovis, aber das können wir für unsere Zwecke nach Belieben abwandeln. Verwenden Sie einfach, was gerade in Saison ist, und lassen Sie Ihrer Fantasie freien Lauf.

SPANISCHE OLIVEN-TOMATEN-TAPENADE

Ergibt 4 Portionen

Streichen Sie die Tapenade auf Crostini und essen Sie dazu milden Käse, der die Salzigkeit ausgleicht. Perfekt geeignet ist der Fromage Facile (S. 43).

ZUTATEN

- **Ca. 120 g grüne spanische Oliven (entsteint)**
- **60 ml Tomaten, geschält und fein gewürfelt (aus der Dose)**
- **1 kleine Knoblauchzehe**
- **Abrieb von 1 Bio-Zitrone**
- **½ TL frischer Oregano**
- **Meersalz nach Geschmack**
- **Zitronensaft (optional)**
- **Olivenöl (optional)**

1. Alle Zutaten außer Zitronensaft und Olivenöl in einem kleinen Standmixer (falls vorhanden) zu einer groben Paste verarbeiten. Alternativ: Alle Zutaten mit dem Messer in kleine Stücke schneiden oder – richtig traditionell – mit Mörser und Stößel zerreiben.
2. Mit Salz abschmecken und ggf. etwas Zitronensaft und/oder Olivenöl untermischen.

TAPENADE-FORMEL

Kreieren Sie Ihre eigene Spezial-Tapenade, und achten Sie dabei auf ein gutes Gleichgewicht aus salzigen, würzigen, knackigen und streichbaren Zutaten. Die folgenden Angaben sind lediglich Richtlinien – vertrauen Sie einfach Ihrem Gaumen (Hinweis: Alle Basiszutaten sind im Glas oder in der Dose erhältlich. Wer sein eigenes Gemüse anbaut, kann natürlich auch das verwenden).

Wählen Sie 1 oder 2 aus jeder Spalte und folgen Sie dem Rezept auf der nächsten Seite.

BASIS

(175–300 g)

Entsteinte Kalamata-, grüne spanische oder schwarze Oliven, eingelegte Artischocken oder Pilze, geröstete Paprikaschoten, Auberginen oder Spargel

+

SIDEKICK

(Ca. 45 g)

Kapern, Cornichons, Sauerkraut oder Kimchi, sonnengetrocknete Tomaten in Öl, gewürfelte Tomaten (frisch oder aus der Dose)

+

ZUGABE

(½ TL)

Frische Kräuter (Rosmarin, Thymian, Minze, Oregano, Dill), Zitronensaft, Olivenöl, Zitronenschale, frischer/gebackener Knoblauch, Anchovis, Basilikumpesto

FRISCH GEMIXT: Rezepte für Cocktails und Mocktails

Dank der flexiblen Mixformel können Sie nahezu jedes übriggebliebene Kraut mit Grundzutaten aus der Haus-Bar mischen und in wenigen Minuten Drinks im Stil der 50er Jahre servieren. Nutzen Sie die Formel als Anregung und experimentieren Sie mit Zutaten (nach dem ersten Cocktail geht das ganz einfach). Schreiben Sie auf, welche Kombination am besten schmeckt.

Cocktail

Wandeln Sie die Zusammensetzung der Kräuter, Säure und Süße nach Belieben ab. Das variable Rezept ergibt einen erfrischenden Drink, der gut zu den meisten Käsesorten passt. Probieren Sie ihn einmal mit Salbei, Thymian, Minze oder Koriander.

KRÄUTERGIN UND SODAWASSER

Ergibt 1 Cocktail

ZUTATEN

- **2 Rosmarinzweige**
- **1 Lavendelzweig**
- **½ Biozitrone, geviertelt (alternativ: 2 EL Zitronensaft)**
- **2 EL Agaven- oder Zuckersirup**
- **60 ml Gin**
- **1 Spritzer Sodawasser**

1. Die Zitronenstücke sowie den Lavendel- und Rosmarinzweig in einem Mixbecher oder einem hohen Glas mit einem Holzlöffel zerdrücken.
2. Sirup und Gin hinzugeben und kräftig umrühren bzw. schütteln.
3. In ein breites, flaches Glas über Eis abseihen und mit Sodawasser auffüllen.
4. Zum Servieren mit dem zweiten Rosmarinzweig garnieren.

VARIATIONEN UND ALTERNATIVEN

- Verwenden Sie 60 g Trauben, 2 frische Minzezweige und 1 Thymianzweig und lassen Sie die Zitrone und den Sirup weg. Garnieren Sie mit einer Traube.
- Durstig? Ersetzen Sie den Gin durch Sodawasser und machen Sie einen Mocktail daraus.
- Wenden Sie die Cocktail-Formel (S. 233) an.

FAUX-JITO MIT BASILIKUM
(Seite 232)
CURRY-PANIR
(Seite 67)
KRÄUTERGIN UND SODAWASSER
(Seite 230)

Mocktail

FAUX-JITO MIT BASILIKUM

Ergibt 1 Mocktail (alkoholfreier Cocktail)

Minze ist nicht das einzige erfrischende Kraut, das sich für einen Cocktail eignet. Der herbe Geschmack des Basilikums verleiht diesem Mocktail eine schöne Frische, ähnlich der Minze beim Namensgeber.

ZUTATEN

- **5 frische Basilikumblätter + 1 Blatt als Garnitur oder 2 gefrorene Basilikumwürfel (siehe unten)**
- **250 ml Mineralwasser**
- **4 Eiswürfel**
- **2 EL Agaven- oder Zuckersirup bzw. 2 große Medjool-Datteln, eingeweicht und entsteint**
- **3 EL Limettensaft**
- **1 Limettenscheibe zum Garnieren**

1. 5 Basilikumblätter, Mineralwasser, Eiswürfel, Sirup oder Datteln und Limettensaft im Mixer pürieren.
2. In ein schmales, hohes Glas gießen. Mit Basilikum und 1 Limettenscheibe garnieren.
3. Gut gekühlt mit Trinkhalm servieren.

VARIATIONEN UND ALTERNATIVEN

- Ersetzen Sie den Limettensaft durch Kumquatsaft und Mineralwasser durch Kokoswasser. Garnieren Sie mit einer Kumquat.
- Fehlt Ihnen bei dem vorherigen Vorschlag vielleicht etwas? Einfach einen Schuss Rum (oder irgendeinen Alkohol aus unserer Liste) hinzugeben!
- Wenden Sie die Cocktail-Formel (S. 233) an.

RESTEVERWERTUNG: KRÄUTER- UND FRUCHTEISWÜRFEL!

Falls Sie nicht gerade einen grünen Daumen besitzen oder einfach zu viele Kräuter gekauft haben, können Sie diese in Form von Eiswürfeln wunderbar für den späteren Gebrauch aufbewahren. Geben Sie nur so viel Wasser zu den Kräutern (z. B. Basilikum, Minze, Melisse oder Lavendel), dass sie sich leicht mit dem Stabmixer zu einem Brei zerkleinern lassen. Anschließend frieren Sie das Mus in Eiswürfelbehältern ein. Nach dem Einfrieren sollten die Eiswürfel in einem Gefrierbeutel aufbewahrt werden; so bleiben sie mindestens 4 Wochen frisch. Mit Früchten können Sie ebenso verfahren. Die Eiswürfel schmecken auch großartig als kleine Geschmacksinfusion in kaltem Wasser.

COCKTAIL-/MOCKTAIL-FORMEL

Da Ihre Freunde sicher auf Ihre fantastischen Käsekreationen anstoßen möchten, können Sie Ihnen dank folgender Formel rasch erfrischende Drinks anbieten. Wieder dient die Tafel nur als Anregung – ersetzen Sie die Zutaten im Rezept einfach durch andere Zutaten oder erfinden Sie neue Rezepte!

Wählen Sie einige Zutaten aus jedem Abschnitt aus und verleihen Sie Ihrer Fantasie Flügel.

BASIS

(60 ml Alkohol ab 40% bzw. 175 ml Wein oder nichtalkoholische Zutaten)

Wein nach Wahl, Sekt, Champagner, Wodka, Rum, Gin, Whiskey, Tequila, Mineralwasser, Sodawasser, Kokosnusswasser, Kombucha

\+

SIDEKICK

(1–2 Spritzer nach Geschmack)

Aufgüsse (am besten selbst gemacht), Kräuterbitter, Tinkturen, Kräuterlikör, Liköre, Trinkessig, Säfte (Frucht, Zitrus, Tomate), starker Tee (entkoffeiniert, Pfefferminz, Grüner Tee, Earl Grey, Jasmin, Darjeeling)

\+

ZUGABE

(1–3 Sorten, nach Geschmack)

Frische Kräuter (Minze, Basilikum, Salbei, Thymian, Rosmarin, Lavendel, Melisse, Koriander), Zitronenschale, Ingwer, Rosen- oder Orangenblütenwasser, frische oder gefrorene Früchte (Beeren, Trauben, Melone), eingelegtes Gemüse, Gurken, frische Chilischoten, Gewürze, Salze

Kapitel 5

ANDERE LECKERE MILCHPRODUKTE

DREI KÄSEFREIE REZEPTE FÜR MILCHLIEBHABER

Nach allem, was wir bisher gemeinsam erlebt haben, täte es mir wirklich leid, Ihnen nicht noch rasch beizubringen, wie man einige grundlegende Milchprodukte herstellt. Butter und Ghee passen gut in unser Stunden-Thema, Joghurt und Frischkäse aus Joghurt dauern etwas länger. Zum Glück sind alle Rezepte ganz einfach. Wenn Sie erst einmal gemerkt haben, wie einfach sie sind, werden Sie nie wieder ein Milchprodukt kaufen wollen.

Butter

Ergibt ca. 250 g

Kaum etwas schmeckt so köstlich wie hausgemachte Butter. Sie ist jede Minute ihres Herstellungsprozesses wert.

ZUBEHÖR

- **Küchenmaschine oder Standmixer**
- **Holzspatel**
- **Schraubglas**
- **Kleiner Trichter**
- **Große Schüssel**
- **Mittelgroße Schüssel zum Auffangen des Wassers beim „Waschen" der Butter (optional)**
- **Gefäß (optional)**

ZUTATEN

- **500 ml Sahne aus unhomogenisierter Milch**
- **750–1000 ml sehr kaltes Wasser**
- **Salz nach Geschmack (optional)**

HINWEIS: Butter aus Grasmilch wird intensiv gelb dank des Beta-Karotins im Gras.

1 Sahne in den Mixer gießen und Deckel schließen.

4 Auf höchster Stufe weitermixen, bis aus den Klumpen ein großes Butterstück wird. Anfangs spritzt es sehr, dann bildet sich plötzlich eine Kugel aus weicher Butter.

2 Den Mixer einschalten. Geschwindigkeit langsam steigern, damit es nicht so spritzt.

3 Nach ca. 5 Minuten auf höchster Stufe trennt sich das Fett (Butter) von der Flüssigkeit (Buttermilch). Es bilden sich gelbliche Butterklümpchen.

5 Die Buttermilch (echte Buttermilch!) ggf. mithilfe des Trichters in das Schraubglas füllen, dabei die Butter mit dem Holzspatel zurückhalten. Die Buttermilch kann später weiterverarbeitet werden.

6 Die Butter zum Waschen und Kneten in die große Schüssel geben.

7 250 ml Wasser über die Butter gießen und diese mithilfe des Holzspatels durchkneten („waschen").

8 Die daraus resultierende verdünnte Buttermilch in die mittelgroße Schüssel gießen, falls sie z. B. zum Reiskochen oder Backen weiterverwendet werden soll. Die Butter wieder mit dem Holzspatel zurückhalten.

11 Die Butter mit einem Papiertuch trocken tupfen, falls noch Wassertropfen sichtbar sind. Anschließend in ein Gefäß füllen oder gleich servieren.

HINWEIS: Für Kräuterbutter frische Kräuter, z. B. Petersilie oder Schnittlauch, unter die Butter heben. Schmeckt großartig auf frischem Brot oder in Rührei.

9 Die Schritte 7 und 8 mehrfach wiederholen, bis die Flüssigkeit klar ist (so bleibt die Butter länger haltbar). Nach Geschmack salzen bzw. für ungesalzene Butter zu Schritt 11 übergehen.

10 Die Butter nochmals kräftig ausdrücken, da das Salz Flüssigkeit herauszieht.

GESCHÜTTELT, NICHT GERÜHRT (ODER: DIE GLASMETHODE)

Falls Sie weder Küchenmaschine noch Standmixer besitzen, gießen Sie die Sahne in ein Schraubglas und schütteln Sie sie wie verrückt. Es funktioniert tatsächlich – ich habe es bei einer Party ausprobiert. Ich hatte für alle Brot gebacken. Nun wurde das „Butterglas" zum Schütteln herumgereicht. Wer es schaffte, die Butter von der Flüssigkeit zu trennen, hatte gewonnen. Aber auch die Besitzer von Mixern sollten diese Methode einmal ausprobieren, denn man kann wirklich den Moment spüren, in dem die Butter entsteht. Dann mit den Schritten 6-11 weitermachen.

Wie auch immer Sie sich entscheiden, es endet immer gleich: mit echter Butter und echter Buttermilch (ganz anders als die angesäuerte Buttermilch, die man im Supermarkt kaufen kann). Sie ist wässriger und nicht so herb – eine köstlich-milde Alternative in allen Rezepten mit Buttermilch.

Ghee (geklärte Butter)

Ergibt ca. 250 g

Ghee schmeckt beim Braten wie Butter, verbrennt aber nicht. Es vereinigt das Beste beider Welten und verdirbt auch bei Raumtemperatur nicht. Ghee ist das ideale Fett zum Braten der Kochbananen-Cracker (S. 220) bzw. der Kürbis-Crostini (S. 221). In der indischen Küche wird fast ausschließlich Ghee verwendet – wenn Sie also gern spontan einmal ein Curry kochen, ist es praktisch, immer etwas zur Hand zu haben. Auch beim Backen kann es wie Butter eingesetzt werden.

ZUBEHÖR

- **Topf (2 Liter)**
- **Großer Rührlöffel**
- **Metallsieb**
- **Kaffeefilter oder Seihtuch**
- **Schraubglas**

ZUTATEN

- **250 g (oder mehr) kalte Butter**

1 Die kalte Butter in den Topf geben. Bei mittlerer Hitze erst schmelzen und dann köcheln lassen. Das dauert ca. 5 Minuten. In der goldenen Flüssigkeit schwimmen nun weiße Feststoffe.

4 Sobald die Butter weniger schaumig ist, sieht man, dass die festen Bestandteile zu Boden gesunken sind. Sie können ruhig leicht anrösten; das Ghee schmeckt aber neutraler, wenn sie nicht geröstet werden. Zu diesem Zeitpunkt nicht rühren.

2 Sobald die Butter kocht und schäumt, die Temperatur so weit wie möglich reduzieren.

3 Der Schaum sollte sich wieder auflösen, während die Butter weitere 2 Minuten köchelt und schön golden wird.

5 Sobald kein Schaum mehr zu sehen ist und die festen Bestandteile alle am Boden sind, den Herd ganz abschalten. Das Ghee 20 Minuten abkühlen lassen.

6 Das Sieb mit Kaffeefilter oder Seihtuch ausschlagen.

7 Das Ghee durch das Sieb in das Schraubglas gießen.

8 Anschließend den Filter mit den festen Bestandteilen entfernen.

9 Das Ghee kann nun verwendet werden. Sobald es vollständig abgekühlt ist, das Glas zuschrauben und bei Raumtemperatur aufbewahren (im Kühlschrank wird es fest).

TIPP! In Indien werden die gerösteten, salzigen Restbestandteile nicht entsorgt. Probieren Sie sie einmal auf Brot oder Reis – köstlich!

Joghurt für Einsteiger

Ergibt ca. 1 l

Was ist köstlich-spritzig, lässt sich leicht herstellen und existiert schon länger als Käse? Ganz genau: Joghurt! Entgegen dem allgemeinen Glauben benötigt man dafür keine Joghurt-Maschine. Mithilfe von Haushaltsutensilien und Joghurtkulturen können Sie ganz leicht Ihren eigenen, gesunden Joghurt zubereiten. Den können Sie dann wiederum zu süßen oder herzhaften Dips, einer Art griechischem Joghurt oder gar Frischkäse weiterverarbeiten. Mit einer Prise Meersalz schmeckt der Joghurt übrigens unglaublich erfrischend! Hausgemachter Joghurt enthält keine Verdickungsmittel, deshalb ist er etwas dünnflüssiger als gekaufter – Sie können aber am Ende noch etwas Flüssigkeit abgießen.

VORBEREITUNG: Damit die Milch während der Fermentation nicht verunreinigt wird, alles vorher mit kochendem Wasser aus- bzw. abspülen. (Schlecht riechender bzw. schimmeliger Joghurt wird natürlich nicht verzehrt!)

ZUBEHÖR

- **Kochtopf (1 Liter)**
- **Lebensmittelthermometer**
- **Großer Rührlöffel**
- **Großer Topf (optional)**
- **Großer Schneebesen**
- **Fermentationsmethode Ihrer Wahl (siehe S. 246)**
  - **a. Thermosflasche (1 Liter)**
  - **b. Kühlbox + 2 Schraubgläser (je 1 Liter)**
  - **c. Schraubglas (1 Liter) im Ofen mit Ofenlicht**

ZUTATEN

- **1 l Milch (Vollmilch ergibt einen reichhaltigen Joghurt, fettarme Milch oder Ziegenmilch einen leichteren)**

60 ml probiotischer Naturjoghurt

Frisches Obst, Kompott, Honig oder Ahornsirup nach Geschmack (optional)

1 Die Milch in den Topf gießen und zum Kochen bringen, aber nicht überkochen lassen. Regelmäßig umrühren, damit sich keine Haut bildet.

2 Den Topf vom Herd nehmen und in eiskaltem Wasser (in der Spüle oder einem großem Topf) rasch auf 43 °C abkühlen.

3 Den Joghurt in die abgekühlte Milch geben und mit dem Schneebesen sorgfältig unterrühren. Das ist Ihr Ansatz.

6 Den fertigen Joghurt durchrühren, damit er cremiger wird. (Denken Sie daran, dass hausgemachter Joghurt dünnflüssiger ist als gekaufter, da er keine Zusatzstoffe wie Verdickungsmittel enthält.)

7 Der Joghurt ist nun fertig zum Verzehr. Nach Belieben Früchte oder Süßungsmittel bzw. für die herzhafte Variante Nüsse, Samen, Kräuter oder Gewürze dazugeben.

HINWEIS: Ca. 40 g Joghurt als Ansatz für die nächste Portion aufheben!

4 Die vorbereitete Milch sofort in den Fermentationsbehälter der Wahl gießen, diesen fest verschließen und das Ganze der Methode entsprechend (S. 246) reifen lassen. Je länger der Joghurt reift, desto säuerlicher schmeckt er.

5 Nach dem Reifen ist der Joghurt warm und sehr locker. Mindestens 2 Stunden im Kühlschrank ruhen lassen, damit sich der volle Geschmack entfalten kann und er etwas eindickt. (Die Wartezeit lohnt sich! Warmer, suppiger Joghurt ist … gewöhnungsbedürftig.)

FERMENTATIONSMETHODEN

Unerwartetes Ergebnis? Die meisten Probleme treten bei der Joghurtherstellung auf, weil das Produkt nicht lange genug warm gehalten wird. Hier sind ein paar Lösungsansätze für typische Probleme.

- Die Konsistenz des Joghurts ist gut, er schmeckt aber nicht säuerlich? Einfach weiter an einem warmen Ort reifen lassen und alle vier Stunden probieren.
- Ist der Milchansatz zu schnell abgekühlt, wieder auf 43 °C erhitzen (nicht heißer!) und bei Schritt 4 weitermachen.
- Der Joghurt schmeckt säuerlich, ist aber sehr flüssig? Entweder länger reifen oder länger abkühlen lassen. Nach 4 Stunden nachsehen.
- Es ist eine deutliche Trennung zwischen Molke und Joghurt sichtbar? Molke abgießen oder unterrühren und beim nächsten Mal kürzer reifen lassen. (Es schadet dem Joghurt aber nicht.)
- Nach 24 Stunden hat sich nichts getan? Den Ansatz weggießen und von vorn beginnen. Die Bakterienkulturen waren vielleicht zu alt oder zu schwach.

FERMENTATIONSMETHODEN

Bei der Joghurtherstellung müssen Sie sich Zeit lassen. Je länger der Joghurt reift, desto säuerlicher schmeckt er und desto mehr gute probiotische Bakterien sind enthalten. Bei den hier beschriebenen Methoden sind 24 Stunden eine gute Richtlinie. Sollten Sie allerdings neugierig sein, dürfen Sie den Ansatz gerne mit einem sauberen Löffel kosten, sobald die Milch einzudicken beginnt (das kann je nach Wärme und Jahreszeit bereits nach 6 Stunden der Fall sein). Schmeckt er noch nicht säuerlich genug, lassen Sie ihn einfach weiter reifen.

a. Die Thermoskanne Den 43 °C warmen Ansatz in die Thermoskanne gießen und gut verschließen. 12 Stunden reifen lassen (bzw. bis der gewünschte Geschmack und die gewünschte Konsistenz erreicht sind).

b. Kühlbox + 2 Schraubgläser (je 1 Liter) Ein Glas mit heißem Wasser (85 °C) füllen, das andere mit dem Joghurtansatz. Beide Gläser fest verschließen und in die Kühlbox stellen. Die Box zudecken und den Joghurt 24 Stunden reifen lassen (bzw. bis der gewünschte Geschmack und die gewünschte Konsistenz erreicht sind).

c. Schraubglas (je 1 Liter) + Ofen mit Lichtquelle Den Ofen 5 Minuten auf 95 °C vorheizen. Dann ausschalten (das Licht muss aber anbleiben!) und das Schraubglas mit dem Joghurtansatz so nah wie möglich an die Lichtquelle stellen. Die Ofentür schließen und den Joghurt 24 Stunden reifen lassen (bzw. bis der gewünschte Geschmack und die gewünschte Konsistenz erreicht sind).

WIE WÄR'S MIT EINEM GRIECHISCHEN JOGHURT BZW. JOGHURTFRISCHKÄSE?

Ein kleines Sieb (nicht aus Metall) mit einem Seihtuch auslegen und über eine große Schüssel hängen. Den fertigen Joghurt hineingeben und bei Raumtemperatur abtropfen lassen, bis die gewünschte Konsistenz erreicht ist. Joghurt nach griechischer Art erhält man in ca. 4 Stunden, Frischkäse in 12 Stunden und einen arabischen Laban in 24–48 Stunden (vor dem Abtropfen Salz hinzufügen, 2 TL pro 500 ml).

Anhang

DANKSAGUNG, REGISTER UND MEHR

DANKSAGUNG

Ich liebe Koch- und Bastelbücher. Ich wusste die Arbeit und die Liebe, die in einem solchen Buch steckt, schon immer zu würdigen, und ich habe höchsten Respekt vor den Autoren. Ich machte mir allerdings keine Vorstellung vom Ausmaß der Gemeinschaftsarbeit, die dahinter steckt – bis ich den Prozess selbst durchlief.

Es ist geradezu lächerlich, wie viele Menschen mir bei der Fertigstellung dieses Buches halfen (von wegen selbstgemacht!).

In erster Linie ist da natürlich Jeff – ich weiß gar nicht, was ich sagen soll. Ich liebe dich, mein Schatz. Warum hatte gerade ich so viel Glück, jemanden kennenzulernen, der mich jederzeit unterstützt und dabei immer wieder herausfordert? Danke, dass du um 3 Uhr morgens mit mir gegessen hast, meine dünnen Ärmchen auf Fotos halbwegs normal aussehen lässt und Geschirrturm um Geschirrturm abgewaschen hast (siehst du, mir ist doch etwas eingefallen …).

Für meine Mutter Lupe, die mir sowohl einen herzhaften Appetit als auch eine gesunde „Wir-schaffen-das"-Einstellung vererbt hat. Mom, ich hoffe, Du weißt, dass meine Erfolge auch Deine sind, denn ohne Dich wären sie nicht möglich gewesen.

Freunde und Familienangehörige – unmöglich, euch alle hier aufzuzählen: Danke für eure ständigen Fragen nach dem Buch. Eure Begeisterung beim Probieren und Testen meiner Kreationen war ein großartiges Gefühl. Ich hoffe, jeder von euch teilt sein Leben mit der Welt; ich bin so dankbar, dass ihr euer Leben mit mir teilt. Mein besonderer Dank gilt Tami Parr, die mir eines ihrer Exposés zeigte, damit ich wusste, wie so etwas aussehen soll, und die mich ermutigte daran zu glauben, dass es mir auch gelingen könnte.

Colleen Waldorf – danke, dass du die Stellung gehalten hast, während ich schrieb, probierte, alles umschrieb usw. Ich hätte das Alltagsgeschäft keiner besseren Vertriebsleiterin überlassen können.

Ein großer Dank geht auch an alle Käufer meines DIY-Cheese-Kits. Ich konnte dieses Buch nur schreiben, weil Sie daran interessiert sind, zu Hause selbst Käse herzustellen. Ihre zahlreichen netten E-Mails und die tollen Fotos Ihrer Eigenkreationen geben meiner Arbeit einen Sinn.

Vielen Dank an Debbie Stoller, einem der ersten Fans des DIY-Cheese-Kits und einer inspirierenden Mentorin, dafür, dass du mir Workman und meine Lektorin Megan geschickt hast. Du solltest als Heiratsvermittlerin arbeiten, Debbie!

Hilfsbereitere, freundlichere und talentiertere Menschen als in meinem Verlag Workman Publishing hätte ich mir nicht wünschen können. Wie sich herausstellte, werden Bücher nicht nur von Autoren geschrieben,

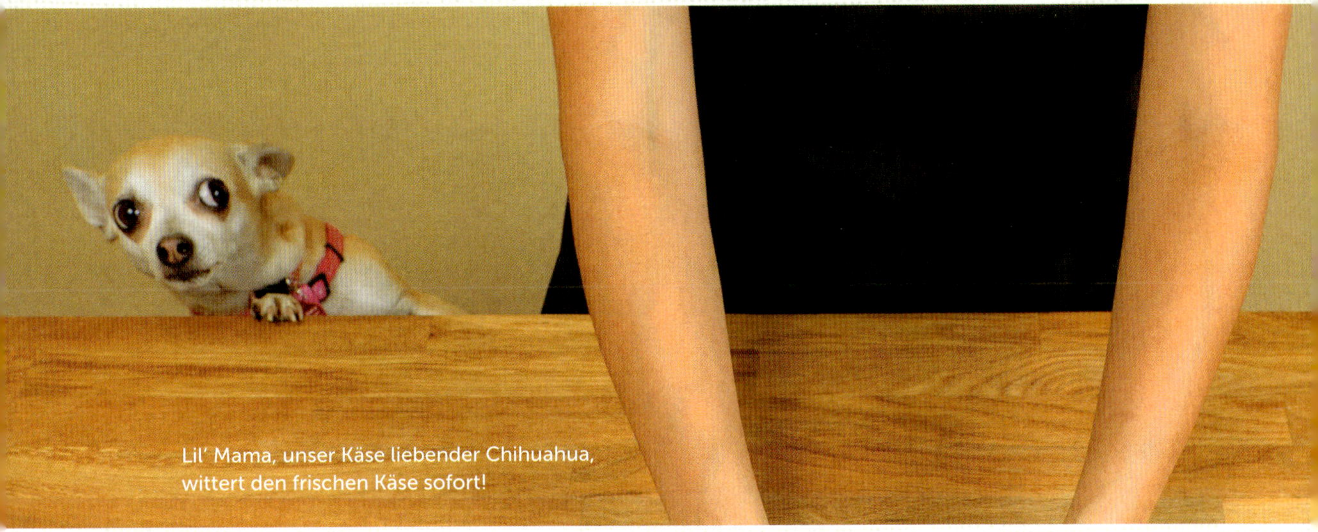

Lil' Mama, unser Käse liebender Chihuahua, wittert den frischen Käse sofort!

sondern von einem erfahrenen Team quasi zusammengesetzt. Ist es nicht einfach toll geworden?

Megan Nicolay, meine Lektorin – ich danke dem Schicksal jeden Tag, dass Du so bist, wie Du bist. Mit Dir zu arbeiten, hat einfach Spaß gemacht und war so wunderbar unkompliziert. Und Liz Davis, Deine Arbeit soll natürlich auch nicht zu kurz kommen – vielen Dank für Deine netten Worte und Deinen scharfen Blick.

Anne Kerman, Deine aufmunternden Foto-Tipps und Dein Sinn für Humor haben mir den furchterregenden Anfang wirklich erleichtert.

Sarah Smith, Dein frühes Interesse am Käse herstellen und Dein Engagement beim Testen des Designs des DIY-Cheese-Kits machen sich im ganzen Buch deutlich bemerkbar. Dank Deiner Begeisterung ergänzt das Buch meinen Stil perfekt.

Und dann ist da noch Lil' Mama, unser Käsebruch liebender Chihuahua. Mama, Du weichst nie von meiner Seite; sei es um 1 Uhr nachts, während ich gerade Käse mache (ja, ja, du willst ja bloß etwas abhaben, aber trotzdem ...) oder bei Knuddelpausen in der Sonne, wenn wir zu lange am Computer gesessen haben. Vielen Dank, meine Süße.

Sehen Sie? Ich bin ein wirklich glücklicher Mensch!

UND AUCH VIELEN DANK AN SIE, LIEBE(R) LESER(IN)! WÄREN SIE NICHT SO SEHR DARAN INTERESSIERT, SICH IN KREATIVEN DO-IT-YOURSELF-PROJEKTEN AUSZUTOBEN, WÄRE DIESES BUCH KOMPLETT SINNLOS. VIELEN DANK, DASS SIE MEINE LIEBE ZU FRISCHEM KÄSE TEILEN UND MEINE ARBEIT UNTERSTÜTZEN.

Claudia

REGISTER

A

B

C

D

E

F

G

H

J

K

L

M

N

O

P

Q

R

S

ÜBER DIE AUTORIN

CLAUDIA LUCERO war schon immer neugierig. Sie liebt es, Dinge zu lernen, zu vereinfachen und ihr Wissen weiterzugeben. Alles nahm seinen Anfang als große Schwester und älteste Cousine in einer Familie mit sehr bescheidenen finanziellen Mitteln. Von ihrer Großmutter lernte sie, wie köstlich und preiswert es ist, ganz frisch zu kochen. Ihre schlaue und einfallsreiche Mutter brachte ihr bei, einfach die Ärmel hochzukrempeln und loszulegen. Umgeben von derart praktisch veranlagten Menschen war es für die 10-jährige Claudia nicht ungewöhnlich, kurzerhand ihre alten pinkfarbenen Ballettschuhe mit einem Filzstift zu verwandeln, damit sie zum neuen Kostüm passten. Bei Familienfeiern zauberte sie aus dem, was gerade in der Speisekammer vorhanden war – ohne Kochbuch oder Internet – Leckereien für die Gäste. Meist war das ein riesiger, weicher, butteriger Keks (von den Cousins mit Höchstnoten bewertet). Bei ihren Küchenexperimenten erfand Claudia viele originelle, köstliche Rezepte. Im Jahr 2009 begann sie ihr Käserei-Abenteuer mit der Gründung von DIY-Cheese-Kits und Urban-Cheesecraft. Der Schritt vom Hobbykäsemacher zum Lehrer und Unternehmer war nun nicht mehr weit. Alles, was sie lernt, gibt sie an ihre Schüler weiter. Was als kleine Nebeneinnahme auf Etsy begann, wurde 2011 zu einem richtigen Unternehmen. Im Jahr 2013 stellte sie dann ihren ersten Vollzeitangestellten ein – ganz langsam lernte sie nämlich, dass Selbermachen nicht immer bedeutet, dass man alles selbst machen muss.

Claudia lebt mit ihrem Lebensgefährten Jeff und ihrem bezaubernden Chihuahua Lil' Mama in Portland, Oregon (USA).

KOCHEN UND BACKEN

128 Seiten, 185 x 225 mm,
zahlreiche Farbfotos, Paperback
ISBN 978-3-96664-187-6
€ 9,99

112 Seiten, 188 x 230 mm, zahlreiche Abbildungen, Flexicover
ISBN 978-3-96664-131-9
€ 9,99

168 Seiten, zahlreiche Farbfotos,
210 x 260 mm, Hardcover
ISBN 978-3-86852-929-6
€ 19,99

144 Seiten, 210 x 260 mm,
gebunden
ISBN 978-3-95843-345-8
€ 22,–

176 Seiten, 160 x 260 mm,
gebunden
ISBN 978-3-95843-789-0
€ 25,–

192 Seiten, zahlreiche Farbfotos,
180 x 230 mm, Hardcover
ISBN 978-3-95843-809-5
€ 19,99

144 Seiten, zahlreiche Farbfotos,
203 x 254 mm, Paperback
ISBN 978-3-95843-227-7
€ 19,99

160 Seiten, zahlreiche Farbfotos,
210 x 260 mm, Hardcover
ISBN 978-3-95843-874-3
€ 22,–

128 Seiten, 185 x 225 mm, zahlreiche Farbfotos, Paperback
ISBN 978-3-96664-180-7
€ 9,99

Unser komplettes Programm erhalten Sie
in jeder Buchhandlung und unter www.heel-verlag.de

KÄSE-LOGBUCH